나 이제 진짜 갓생산다

나 이제 진짜 갓생산다

정호철 지음

1인치만 바꿔봐

포르체

'오늘'이라는 기회

어릴 적 나는 거친 파도에 휩쓸려 다니는, 언제 부서질지 모르는 작은 나룻배 같은 삶을 살아왔다. 사회의 잣대와 보편적인 기준, 그리고 나라는 사람 사이에서 무엇을 좋아하고 무엇을 할 때 행복한지 알지 못했다. 이리 휩쓸리고 저리 휩쓸리다 부서지면 대충 다시 때우고 다시 또 휩쓸려 다녔다. 이런 삶이 한동안 계속되었다.

누구나 한 번쯤은 "내가 1년만 젊었어도", "내가 네 나이였으면", "내가 저 때로 돌아간다면"이라고 말해 본다. 한 번뿐인 인생은 누구나 아쉬움이 들 수밖에 없다. 하지만 매번 아쉬움을 느끼는 것에서 끝난다는 사실이 안타까웠다. 다시 돌아오지 않는 과거를 아쉬워하면서 과거가 될 지금을 또 아쉬움으로 남긴다는 것이 말이다.

지금 우리의 현재는 과거의 하루가 모여 완성되었다. 비슷한 환경에서 자라나고 살아가는 것 같지만 우리 개개인은 모두가 완벽하게 다르다. 삶을 대하는 태도, 그 사람만의 마인드셋, 말투, 행동, 하다못해 하루의 루틴과 취미 생활, 그리고 만나는 사람들, 그 사람들과 나누는 이야기 등…. 그렇게 우리 각자의 하루가 모여 지금의 모습이 되었다. 그렇다면 지금 당신의 모습을 생각해 보자. 당신은 어떤 사람인가?

성공한 사람들의 이야기를 들어보면 그들의 과거에는 숱한 노력과 도전, 실패가 있었다. 나이가 몇 살인지, 지금 상황이 어떤지는 상관없다. 나는 앞으로 어떤 사람이 되고 싶은가? 1년, 5년, 10년 후에는 어떤 삶을 살 것인가? 이 질문은 굉장히 단순한 듯하지만 불편한 감정이 들게 한다. 이렇게 느끼는 불편함은 또 새로운 평계를 만들어낸다. 하지만 우리는 불편하다는 감정을 뛰어넘을 각오가 되어야 한다. 비로소 그때부터가 시작이다.

어떤 삶이 성공한 삶일까? 내가 생각하는 성공의 척도는 돈이나 명예가 아니다. '자신이 원하는 삶을 살아가는 것'이 성공이라고 생각한다. 그래서 나는 자신이 원하는 대로 삶을 꾸려가고 있는, 성공한 사람들의 이야기를 수도 없이 보고, 듣고, 가슴에 새기고자 했다. 이들의 이야기를 계속 듣다 보니 일련의 공통점이 있었다. 바로 '습관'이었다. 앞선 질문에 우리가 그동안 불편함을 느꼈던 이유는 생각의 정리와 행동 방법이 불분명했기 때문이다. 그래서 불편함을 뛰어넘는 방법론에 대해서 연구했고 이를 공유하고자 이 책을 쓰게 되었다.

"오늘이, 바로 지금 이 순간이

당신의 남은 삶에서 가장 젊고 아름다운 날이다."

이 말에 예외는 없다. 나이가 많건 적건 지금 이 글을 읽고 있는 이 순간이 당신의 삶에서 가장 젊고 아름다운 날이다. 우리 삶이 가치 있는 이유는 유한하기 때문이다. 모든 사람이 지금의 행복과 슬픔, 아쉬움을 뒤로하고 언젠가는 세상을 떠날 것이다. 그 이유만으로도 당신의 하루는 매우 소중하고 오로지 자신을 위해 투자를 할 가치가 있는 순간이다.

"Crap- hear it? Carpe, carpe diem. Seize the day, boys.

Make your lives extraordinary.

들어봐, 들리니? 카르페, 카르페 디엠. 현재를 붙잡아라, 애들아.

너희의 인생을 특별하게 만들어라."

영화 〈죽은 시인의 사회〉에서 내가 가장 좋아하는 대사다. 어떤 상황이든 오늘이라는 기회를 놓치지 말고 현재의 삶에 충실하게 임해서 하루하루를 특별하게 만들라는 뜻이다. 누가 봐도 대단하게 느껴질 만큼 어려운 일을 해내야 한다는 것이 아니다. 각자가 원하는 삶을 위해 아주 조금씩이라도 움직여야 한다는 말이다. 완벽하게 다른 우리에게는 공평하게 매일매일 새로운 날들이 주어지고 있다. 오늘 어떤 하루를 보낼지는 당신의 선택에 달려있다.

> "Seize the day.
> 현재를 붙잡아라."

나는 거친 파도에 휩쓸려 다니는 나룻배였지만 앞으로는 파도를 뚫고 나갈 수 있는 배가 되고자 한다. 그리고 나의 이런 도전과 열정이 누군가에게는 작은 영감이 될 수 있기를, 작은 변화를 만드는 시발점이될 수 있기를 바란다.

2022. 04. 27.

정호철

Contents

Prologue   '오늘'이라는 기회 _ 4

Part 1 **무엇이 우리의 가치를 결정하는가?**
        : 습관은 자신의 거울이다

01 생각하는 대로 살아가게 하는 '습관' _ 15

02 습관은 무의식 속에서 연속적으로 선택한 것으로 만들어진다 _ 19

03 앞으로 우리의 가치를 결정하는 것은 습관이다 _ 25

04 통제력을 발휘한다는 것은 '주체적인 삶'을 살겠다는 의지이다 _ 32

05 '습관'은 지금보다 더 나은 내가 되기 위한 최고의 '수단'이다 _ 35

Part 2 **나만의 미래를 설계하자**
        : Self analysis

06 우리가 습관을 바꾸는 데 실패한 이유 _ 43

07 눈앞의 행복에 중독된 우리가 좋은 습관을 만들 수 있는 방법 _ 49

08 세계적인 거장 워런 버핏의 25-5의 법칙 _ 55

09 내 인생의 목표를 최대한 명확하고 또렷하게 설계해야 한다 _ 61

10 역산 사고를 통한 습관 설계: 나의 부고기사는 어떻게 나오면 좋을까? _ 68

Part 3 **시작을 해야 결과가 있다**
: Trigger

11 완벽주의 VS 비완벽주의, 승리는 언제나 비완벽주의자들이 한다 _ 77

12 동기력은 순간의 감정에 불과하고 의지력은 에너지가 한정되어 있다 _ 84

13 우리는 잦은 실패와 나에 대한 과대평가로 습관 형성에 늘 실패했다 _ 91

14 매일 1%의 성장, 1년이면 38배 성장이 된다 _ 98

15 시작을 위한 최고의 전략 ①:

목표를 작게 쪼개는 STEP UP 전략 _ 104

16 시작을 위한 최고의 전략 ②:

최대한 명확하고 구체적으로 할 것 _ 111

17 시작을 위한 최고의 전략 ③: 일단 시작하라 _ 117

18 작은 시작을 통한 새로운 전환점을 만들어라 _ 124

Part 4 **시작을 했으면 계속해서 행동하자**
        : Act

19 의지력을 전략적으로 사용해 습관을 형성해야 한다 _ 133

20 의지력 회복의 키워드 "양질의 휴식" _ 140

21 습관을 유지하고 발전시키기 위해서 동기부여를 잘 활용해야 한다 _ 147

22 습관을 유지하고 발전시키는 데 있어 도파민을 100% 활용해야 한다 _ 153

23 삶을 자신만의 페이스로 맞추자 _ 160

24 습관을 형성하는 데 있어 환경은 큰 힘으로 작용한다 _ 167

25 갑작스러운 환경 변화는 기존의 습관을 멈추게 하는 힘이 있다 _ 173

26 실패는 성공으로 가는 하나의 경우의 수이다 _ 178

Part 5 **최종 목적지, 변화할 때까지 반복하자**
: Repeat until the end

27 반복에 지치지 않는 사람이 승리한다 _ 187

28 작은 성공을 통한 꾸준한 반복은 스스로 성장한다 _ 192

29 인생의 변화를 이끄는 스위치 습관들 (1) _ 198

30 인생의 변화를 이끄는 스위치 습관들 (2) _ 205

31 코로나 시대, 지구촌 모두는 지금 습관의 변화가 필요하다 _ 211

32 일상의 울타리 밖으로 전진하라 _ 216

33 할 수 있을까 VS 할 수 있다: 말에는 힘이 있다 _ 222

34 생각하는 대로 삶을 살아가는 것이 성공이다 _ 228

"당신의 현재 상황이 당신이 가는 곳을 결정하는 것은 아니다.

현재 상황이 결정할 수 있는 것은 고작 당신이 어디서 시작하느냐 하는 것뿐이다."

니도 쿠베인(Nido Qubein)

Part 1

무엇이
우리의 가치를
결정하는가?
: 습관은 자신의
거울이다

생각하는 대로 살아가게 하는
'습관'

어려운 환경에서도 자수성가한 기업가나 각자의 영역에서 엄청난 저항을 이겨내고 정점에 선 사람들의 성공 스토리를 들어보면 비결은 하나의 단어로 압축된다. 바로 '습관'이다. 우리는 더 나은 삶을 위해 좋은 습관을 형성해야 한다는 것을 알고 있다. 그러나 쉽게 변하지 못한다. 삶을 생각하는 대로 이끌어주는 좋은 습관은 하루아침에 만들어지지 않기 때문이다. 하지만 이제는 제대로 시도해보아야 할 때다.

삶을 이끌어가는 사람들의 비밀: 습관

각 분야의 정점에 선 사람들이 공통적으로 이야기하는 성공 비결은 바로 습관이다. 그들은 아침 일찍 일어나는 습관, 자신만의 시간을 만들어내는 습관, 할 일(To do list)을 작성하는 습관, 책을 읽는 습관 등을 통해 주도적으로 자신의 시간을 사용하고 있다. 좋은 습관이 필요하다는 것은 모두가 이미 알고 있는 사실이다. 그렇다면 성공한 사람과 그렇지 않은 사람의 차이점은 무엇일까? 성공한 사람들은 당장 극적인 변화나 결과물이 나오지 않더라도 꾸준히 좋은 습관을 발전시켜 나간 반면, 그렇지 않은 사람은 꾸준함을 이겨내지 못하고 포기하거나 시도조차 하지 않았다는 것이다.

성공한 사람들이 가장 집중하는 습관은 무엇일까? 대표적으로 '아침 습관'이 있다. 이들은 왜 아침 습관에 집중할까? 한 조사에 따르면 자수성가형 백만장자 중 약 50%는 업무를 시작하기 최소 3시간 전에 일어난다고 한다. 애플의 팀 쿡Tim Cook, 스타벅스의 하워드 슐츠Howard Schultz, 디즈니의 로버트 아이거Robert Allen Iger 등은 모두 새벽 4시 반쯤 기상한다. 이미 성공의 반열에 오른 이들은 왜 굳이 힘들게 새벽에 일어나서 하루를 시작하는 것일까?

이들은 하루의 승패가 아침에 달려있고 하루가 모여 각자의 인생을 채운다는 것을 정확하게 알고 있기 때문이다. 사람의 뇌는 아침에 깨어난 후 2시간 반에서 4시간 사이에 가장 활성화된다. 아침 1시간 동안 새벽 시간의 3배에 달하는 업무 효율을 달성할 수 있다. 그 이점을 너무나도 잘 알기 때문에 성공의 대열에 들어섰음에도 불구하고 아침 시간을 포기하지 않는 것이다.

성공하는 사람들에게는 성공하는 이유가 있다. 좋은 습관을 일상의 루틴으로 만들어내는 것. 또, 꾸준히 반복해서 실천하고 생활 리듬의 주도권을 빼앗기지 않는 것. 무릎을 '탁!' 칠 만한 해답이 아니라고 생각할 수 있지만 이것이 그들이 우리에게 주는 성공의 메시지다.

세계적인 거장들의 원동력: 아침 명상 습관

세계적인 베스트셀러 《타이탄의 도구들》은 각 분야의 거장들을 '타이탄'이라고 표현했고 각자의 위치에서 어떻게 정상에 도달했는지에 대해서 잘 소개해 주었다. 성공의 비결인 타이탄의 도구 중 하나가 '사소한 아침 습관'이다. 1. 잠자리 정리, 2. 명상, 3. 한 동작을 5~10회 반복하기, 4. 차 마시기, 5. 아침 일기 쓰기. 타이탄들은 주로 이 5가지의 활동으로 하루를 시작한다고 한다. 성공 비결치고는 너무 간단하지 않은가?

미디어 부분에서 가장 영향력 있는 여성으로 2년 연속 1위를 차지했던 오프라 윈프리Oprah Winfrey 역시 명상하는 습관을 가지고 있다. 한 TV 쇼에서 왜 명상을 하냐는 질문에 그녀는 이렇게 답했다. "제가 명상을 하면 1,000% 더 나은 사람이 되거든요." 70명이었던 회사는 270명의 회사가 되었고 매일 하루 2번씩 자신의 회사 직원들과 함께 모든 것을 잠시 멈추고 명상을 한다고 한다. 명상을 하는 것이 돈을 버는 것이상의 가치가 있기 때문이다. 보이지 않는 힘을 만들어낸 것이다.

창조 신화를 일으킨 애플의 설립자 스티브 잡스 Steve Jobs 가 명상을 즐 겼다는 것은 그의 성공 비결로 이미 잘 알려져있다. 그는 억만장자가 된 27살부터 하늘의 별이 될 때까지 30년 동안 하루도 빠짐없이 명상 을 했다. 왜 하루도 빠지지 않고 사소한 습관에 임했던 것일까?

진정한 성공이란 무엇일까?

"생각하는 대로 살지 않으면 사는 대로 생각하게 된다." 프랑스 소설가 폴 부르제 Paul Bourget 가 한 말이다. 나는 생각하는 대로 행동하고 이루 고 싶은 것들을 하나씩 이뤄가는 것, 그리고 그 끝에서 자동적으로 이 루게 되는 것이 성공이라고 정의했다. 성공이란 유명인사, 재벌, 기업가 등이 되는 것이 아니다. 본인의 삶을 본인이 원하는 대로 이끌어가는 것이다. 이 성공의 키워드가 바로 습관이다. 각자의 꿈을 이루기 위해서 는 확신과 믿음을 가지고 자신의 생각대로 걸어가야 한다.

생각하는 대로 살아가는 삶과 사는 대로 생각하는 삶은 너무 다르다. 습관은 특별한 사람들만의 전유물이 아니다. 습관을 더 이상 부정적이 고, 강압적이고, 어려운 노력이 많이 들어가는 행동으로만 봐서는 안 된 다. 자신의 삶을 가고자 하는 방향으로 향하도록 하는 힘, 그것이 바로 습관이다. 습관은 누구나 형성할 수 있고 습관을 통해 누구나 변할 수 있다. 그리고 이 책을 통해 함께 그 변화의 첫발을 내딛으려고 한다.

습관은 무의식 속에서
연속적으로 선택한 것으로 만들어진다

일상적으로 반복되는 행위인 습관은 개인의 행동으로 제한되는 것이 아니고 한 국가의 문화에도 영향을 준다. 습관은 후천적인 행동 양식이고 반복하여 수행되는 것으로 고정화된다. 신체적 행동 외에 정신적, 심리적 경향도 포함한다. 즉, 습관이란 크게는 국가와 민족, 문화, 그리고 행동, 사고, 언어, 생활, 자세, 식습관, 운동습관 등 모든 반복되는 것들에 의해 무의식에 가깝게 행동이 되는 것들을 일컫는다.

습관이란 무엇일까?

'습관'이란 무엇인가? 한번 기억을 더듬어 올라가 보자. 오늘 아침 일어나서 가장 먼저 무엇을 했는가? 욕실로 가서 세수를 했는가? 아니면 일어나자마자 지난밤 동안 쌓인 SNS 소식을 확인했는가? 아니면 물을 마셨는가? 또 문밖을 나설 때 신발을 왼쪽부터 착용했는가, 오른쪽부터 신었는가? 문은 오른손으로 여는가? 나갈 때 인사는 어떻게 했는가? 퇴근하고 집에 돌아오자마자 하는 행동은 무엇인가?

기억이 나는 행동도, 기억이 명확하게 나지 않는 행동도 있을 것이다. 습관이란 우리의 삶 속에 다양하게 자리 잡고 있다. 일정한 행동, 특정한 상황, 시간, 장소, 인물을 통해서 습관이 나오기도 한다. 일련의 상황에 대한 행동, 생각, 감정, 반응 등 이 모든 것들이 우리가 말하는 습관이다. 습관화가 되면 이후에는 무의식 속에서 행동하게 된다. 생각하지 않아도 행동하게 되고 행동을 하고도 기억을 못한다. 즉, 과거의 꾸준한 반복을 통해 형성된 무의식 속의 행동이 바로 습관이다.

직장 생활을 할 때, 나의 습관은 이와 같았다. 침대에서 출근 시간에 딱 맞게 일어나 허겁지겁 씻고 양치하고, 옷을 갈아입은 다음 신발 끈을 묶고 출근했다. 정신없이 지하철에 올라서 스마트폰으로 밤새 일어난 새로운 뉴스를 본다. 그리고는 매일 가는 커피숍에 들려서 커피를 한 잔 사 들고 사무실로 출근했다. 이렇게 반복되는 일상 속 대부분의 행동은 무의식의 습관이다. 씻을 때 어디부터 어떻게 씻을지, 치약은 얼마나 쓸지, 지하철을 탈지 버스를 탈지, 커피숍에 들를지 말지. 매일 반복되는 행동이 습관이 된 이후로는 의식하지 않고 나오게 된다.

'반복'에 의해 습관이 형성된다

대부분의 사람들이 매일 무의식 속의 루틴을 따라서 하루를 시작하고 마무리하고 있다. 이런 루틴을 어려운 일이라고 생각하는 사람은 없다. 과거의 꾸준한 반복에 의해서 습관으로 자리 잡게 되어 무의식 영역 속에서 이뤄지는 행동에는 에너지가 사용되지 않기 때문이다. 이처럼 습관은 의식적 자아 바깥 영역에서 작동하는 것이다. 우리가 자주 반복하는 행동일수록 무의식 속에서 이뤄진다.

우리는 이를 '루틴'이라는 단어로 정리할 수 있다. 누구든 처음이 존재한다. 출근 첫날을 떠올려 보자. 기상 시간, 출근길, 출근 방법 등 모든 것이 새롭다. 모든 것이 처음이라 의식적으로 생각하고 노력해야 하기 때문에 우리는 어렵다는 생각을 하게 된다. 출근 시간에 맞춰 일어나고, 출근 준비를 한 후에 버스나 지하철 중 더 이용하기 쉬운 수단을 알아봐야 한다. 내리고 나서는 어떤 길로 가는 것이 빠르고 편한지 일련의 모든 과정을 생각하고 선택해야 한다.

과학자들은 습관의 형성을 우리 몸이 에너지를 아끼기 위해 최첨단 시스템을 작동시킨 것으로 비유하고 있다. 뇌는 생존을 하기 위해 에너지를 비축하고 아끼려는 특성을 가지고 있다. 우리가 의식적인 행동을 할 때는 뇌가 다량의 포도당과 산소를 사용하면서 에너지를 소비하게 된다. 반면 무의식적인 행동인 습관은 에너지 사용을 최소화해서 에너지를 극도로 아낄 수 있게 한다. 때문에 뇌는 습관이라는 시스템을 만들었다. 습관이란 비축한 에너지를 다른 곳에 사용할 수 있게 만드는 인간의 놀라운 시스템이라고 할 수 있다.

습관화가 되지 않은 모든 의식적인 행동은 이너게임inner game을 통해서 이뤄진다. 이너게임이란 한마디로 내 안에서 벌어지는 일종의 게임이다. 모든 게임에는 승자와 패자가 존재하기 마련이다. 선택을 앞두고 우리의 내면에서는 선택을 할 것인지 말 것인지, 행동을 할 것인지 말 것인지 서로 대화를 통해서 결과를 만들어낸다. 모든 사람은 무의식의 습관이 자리 잡기 전까지 내면의 대화를 통해서 이너게임을 한다.

알람을 맞추고 잠에 들지만 아침에 알람이 울리면 "3분만 더"를 외치게 된다. 동시에 내면에서는 "얼른 일어나"와 "괜찮아, 3분만 더"라는 내면의 대화가 이너게임을 한다. 그 결과는 항상 비슷하다. 계속되는 이너게임 결과의 누적에 따라 습관의 조각이 형성되고 그 조각들이 모여 지금의 내 모습을 만든다. 습관은 이너게임의 승자에 의해서 만들어진다고 볼 수 있다.

우리가 하는 행동의 무려 '45%'가 무의식의 습관이다

이렇듯 습관은 난데없이 나타난 것이 아니다. 유전적으로 타고난 것도 아니고 사람마다 습관이 정해져 있는 것도 아니다. 습관은 주로 부모와 자식의 관계, 멘토, 독서, 교육, 문화, 환경, 친구, 직장 등의 인간관계나 주변 환경에 의해서 형성된다. 또, 처음 접한 순간부터 그 행동이 계속 반복되면서 습관으로 자리 잡게 된다. 습관은 나이의 문제가 아니다. 어른이 된 이후에도 계속해서 습관이 형성되고 바뀐다. 그 습관들은 반복될수록 더욱 단단하고 강해지는 것이다.

NBA의 전설이 된 코비 브라이언트 Kobe Bryant 는 세계적인 전설 마이클 조던 Michael Jordan 도 인정한 역대 NBA 최고의 선수였다. '노력형 천재', '포스트 조던'이라고 불렸던 코비는 절대 타고난 천재가 아니었다. 그는 매일을 훈련에 몰두했다. "Do the simple stuff right. (기본부터 제대로 하세요.)" 꾸준한 노력으로 20년을 현역으로 보낸 코비가 던진 메시지다. 그는 하루도 거르지 않고 새벽부터 기본기를 '매일' 반복했다. 매일 훈련을 꾸준히 하다 보니 기본기들은 무의식 속에서도 생각하지 않고 빠르게 반응할 수 있게 되었다. 그리고 매일 아침 기본기를 연습하는 습관은 그를 세계의 정상으로 만들었다. 절대 반복에 지치지 않고 더 나아지기 위해 언제나 꾸준하게 최선을 다했던 코비의 정신을 일컫는 '맘바 멘탈리티 Mamba Mentality'는 지금까지도 많은 사람들에게 귀감이 되고 있다.

우리는 어렸을 적부터 좋은 습관을 들이라는 말을 수없이 들었다. 바꿔 생각하면 무작정 습관을 들이라는 것이 아니다. 무의식을 내게 이득이 될 수 있는 행동으로 채우라는 말이다. 듀크 대학교의 연구에 따르면 우리가 하는 전체 행동 중 무려 45%나 되는 행동이 무의식 속의 선택과 행동, 바로 습관이라고 한다.

무의식적으로 하는 행동이 좋은 행동으로만 가득 차있다면 어떨까? 아침 일찍 일어나서 잠자리를 정리하고, 명상을 하고, 건강을 위해 좋은 영양 성분을 섭취하고, 여유 있게 출근길에 나선다. 이 행동들이 무의식에서 이뤄진다면? 그리고 내게 유익을 줄 수 있는 좋은 행동들을 반복하면서 1달, 1년, 10년이 지나면 어떻게 변해있을까? 아직도 좋은 습관을 형성하는 것이 어린아이나 특정한 사람만을 위한 일이라고 생각되는가? 앞으로 어떤 습관으로 내 행동을 채워나갈지의 선택은 오직 본인의 몫이다.

앞으로 우리의 가치를 결정하는 것은 습관이다

앞서 살펴보았듯 오늘의 습관이 미래의 내 가치를 만들어낸다. 우리는 좋은 습관을 들여야 한다. 좋은 습관이란 우리에게 무한한 유익을 줄 수 있는, 플러스 역할을 해주는 습관이다. 나쁜 습관이란 나를 위해서는 더 이상 필요하지 않은 습관을 말한다. 이들은 어떻게 선택되고 형성되는 것일까? 좋은 습관이건 나쁜 습관이건 이 습관들은 인생에 큰 영향을 미칠 만한 힘을 가지고 있다. 이 힘을 어떻게 이용하느냐에 따라서 어떤 삶을 살게 될지가 결정된다.

좋은 습관(+)과 나쁜 습관(−)은 도파민에 의해 선택된다

좋은 습관을 만드는 것은 왜 어려울까? 바로 당장의 결과물과 보상이 없기 때문이다. 좋은 습관과 나쁜 습관 모두 하루 이틀 한다고 해서 결과가 바로 나타나지는 않는다. 시간이 지나면서 어느 순간 한번에 결과가 보이게 된다.

뇌에서는 선택한 결과나 보상에 의해 도파민이라는 호르몬이 분비된다. 이 도파민이 분비됐던 경험에 의해서 눈앞에 놓인 일들을 선택하게 되는 것이다. 맛있는 음식을 먹고, 잠을 자고, 군것질을 하고, 돈을 벌고, SNS에서 '좋아요'를 받는 것 등의 모든 활동이 행동에 대한 보상이다. 사람이 하는 모든 의식적 행동은 보상에 대한 기대심리에서 나온다. 눈앞의 맛있는 과자를 먹고 패스트푸드를 먹는 것도 보상이다. 반면 과자나 패스트푸드의 유혹을 이겨내고 건강한 삶을 위해서 운동을 하거나 매력적인 몸매를 만드는 것 또한 보상이다. 이 차이는 바로 눈앞의 보상이냐 아니면 훗날 누리게 될 큰 보상이냐의 차이다.

쉽게 선택하고 행동하게 되는 대상은 보상의 결과를 빠르게 느낄 수 있다는 특징이 있다. 행동하는 즉시 도파민이 분비되고 기분이 좋아진다. 인스타그램에 게시물을 올리고 SNS의 '좋아요' 결과를 다음날이 되어야 확인할 수 있다면 아마 많은 사람들이 SNS를 그만둘 것이다. 도박의 결과를 1시간 후에나 확인할 수 있다면 도박을 하는 사람들의 수는 굉장히 줄어들 것이다. 우리가 쉽게 빠져드는 행동들은 결과를 빠르게 확인할 수 있다는 특징을 가지고 있다. 이렇게 즉시 결과를 얻을 수 있는 행동들을 통해 나오는 도파민을 나는 '인스턴트 도파민'이라고 분류했다.

도파민은 우리가 만족할 만한 결과를 느낄 때 분비된다. 즉각적인 도파민을 유발하는 행동은 순간 기쁨을 주고 금방 사라지는 인스턴트 도파민일 확률이 크다. 반면 일정 시간을 견뎌낸 후에 얻는 도파민은 완벽히 다르다. 그 시간이 길면 길수록 그 결과에 따라 얻는 기쁨과 행복이라는 감정의 크기도 계속해서 커져간다. 그 결과가 주는 시너지 또한 비교할 수 없이 차이가 난다. 이것을 한번이라도 느껴본 사람들은 인내와 노력의 끝에 얻는 도파민을 계속해서 느끼기 위해 그 모든 과정을 꿋꿋이 참고 해낸다. 이 도파민의 크기가 인스턴트 도파민보다 값지고 크다는 것을 알기 때문에 참을 수 있는 것이다. 그 예로는 운동, 다이어트, 시험, 자격증 등의 일정 시간이 소요된 이후에야 눈으로 결과를 확인할 수 있는 행동이 있다.

우리는 매번 눈앞의 즉각적인 도파민과 시간이 지나 얻을 수 있는 도파민 사이에서 선택을 하게 된다. 그렇게 눈앞의 인스턴트 도파민을 계속해서 좇다 보면 무의식에 마이너스 습관이 자리 잡게 된다. 그러나 훗날 얻을 수 있는 도파민을 계속 선택하다 보면 변화의 시발점을 만들 수 있다.

우리의 습관은 연쇄효과를 일으킨다

습관은 플러스 습관과 마이너스 습관에 관계없이 단순 행동 이상의 연쇄효과를 가지고 온다. 플러스 습관이 계속되면 더 큰 플러스의 효과를 가져다주고 마이너스 습관이 계속되면 더 큰 마이너스를 가져다주는 것이다. 어떤 사람인지, 습관인지에 따라 잠재력의 크기가 달라지는 것이 아니다. 그저 습관이라는 것이 가지고 있는 고유의 특성이다.

우리가 즐겨 먹는 고열량의 음식인 쌀밥, 빵, 케이크, 초콜릿, 과자 등은 이제 없어서는 안 되는 식품이 되었다. 이러한 음식을 섭취하면 뇌에서 '쾌락 호르몬'으로도 불리는 도파민이 분비된다. 그래서 우리는 먹는 즉시 만족감과 행복한 기분을 느낄 수 있게 되는 것이다. 도파민이 분비되면 자꾸 달고 짠 음식들이 당기게 된다. 단 음식을 먹은 후에 짠 음식이, 짠 음식을 먹은 이후에는 단 음식이 자꾸 생각나는 이유이다. 흔히 말하는 '단짠단짠'은 공식과도 같다. 이 고열량의 식품은 한 번 먹는 것으로 끝나지 않는다. 도파민은 무의식 속에서 눈치채지 못하게 계속 자극적인 음식을 주문할 것이다.

이처럼 나쁜 습관은 그 한 번으로 끝나지 않는다. 보이지 않는 나쁜 결과들이 차곡차곡 모이게 된다. 이 결과는 건강 문제, 금전, 업무, 생활 등에 계속해서 문제를 야기하여 우리를 장기적인 스트레스에 노출시킴으로써 스트레스 호르몬인 '코르티솔'을 증가시킨다. 이 코르티솔은 도미노 효과처럼 나쁜 유전자들을 깨워 심장질환, 암, 면역질환 등을 일으킨다. 별것 아닌 것 같은 나쁜 습관들은 큰 문제를 초래하는 시막이 될 수도 있다. 나쁜 습관이 계속 강화되면 각자가 더 나은 사람이 되는 데 필요한 습관과 행동이 무엇인지를 알면서도 외면하게 된다. 스스로 탄환을 겨누고 있는 것과 같다.

좋은 습관은 나쁜 습관과 정반대의 결과를 가져온다고 생각하면 된다. 건강을 더욱 증진시켜 줄 것이고 건강이 증진되면서 자연스럽게 금전적으로 여유가 생기거나 업무 효율이 높아질 수 있다. 큰 근심과 걱정이 없다 보니 주변 사람들과 더욱 화목해질 수 있다. 이는 새로운 기술의 습득이나 도전으로 발전될 수 있고 이 작은 변화가 누적되다 보면 우리는 앞서 말했듯이 '생각한 대로' 살 수 있게 되는 것이다.

내가 지금까지 꾸준하게 유지하고 있는 습관이 있다. 운동 습관이다. 반복되는 일상 속에서 그 틀을 깨고자 피트니스 센터를 가는 습관을 들이기 시작했다. 운동을 많이 하건 조금 하건 항상 피트니스 센터에서 하루를 마무리했다. 운동을 하기 힘든 날에는 씻고만 돌아왔다. 그렇게 피트니스 센터에서 하루를 마무리하는 습관은 꾸준히 운동하는 습관으로 발전했고 그 작은 습관은 바디프로필 촬영에 도전하는 것으로 이어졌다.

연쇄효과는 거기서 끝나지 않았다. 바디프로필 촬영에 도전하면서 꾸준한 운동과 건강한 식습관을 형성할 수 있었다. 덕분에 자극적인 음식을 즐겨 먹은 결과로 얻은 위장염이 나아지고 고혈압 수치가 떨어졌다. 또, 결과물을 떠나서 끝까지 포기하지 않고 해냈다는 사실로부터 엄청난 성취감을 느낄 수 있었다. 그리고 이 운동 습관은 그 다음해에 내가 피트니스 대회 출전이라는 큰 도전까지 할 수 있게 만들어줬다. 내가 한 도전들은 단순히 피트니스 센터를 가는 작은 습관에서 시작된 것이다. 처음부터 대회를 목표로 시작한 것이 아니었다.

백지 상태에서 만들어지는 습관

습관은 백지 상태에서 형성하기가 더 쉽다. 이제 막 자라나는 아이들의 행동은 선택의 경우의 수가 없고 행동에 대한 경험값이 없다. 아이들은 화를 내고 짜증 내고 울다가도 몇 분만 지나면 언제 그랬냐는 듯 다시 웃고 장난을 친다. 아직 이렇게 아무 습관이 형성되지 않은 백지장의 시기인 유년기와 소년기 시절에 1차 습관이 만들어진다. 그러나 어른은 다르다. 우리는 나이를 먹으면서 수많은 경험을 하고 지식을 습득한다. 어른은 백지장이 아니라 꽉 차있는 상태이기 때문에, 수없이 많은 각자의 경험 데이터를 통해 결괏값을 유추할 수 있다. 그렇게 나이가 들수록 많은 사람들이 각자의 지식의 늪에 빠지게 된다. 그래서 본인이 생각하는 것만이 정답이라고 생각한다. 본인이 생각했을 때 불가능하다는 결괏값이 나온 일에 대해서는 해보지도 않고 할 수 없다고 단정지어 버리는 경우가 많다. 우리가 생각하는 대로 삶을 이끌어가기 위해서는 어떻게 해야 할까? 최대한 백지장의 상태로 되돌아가려고 노력해야 한다.

우리는 지나간 과거 시간의 역사를 인정하고 받아들일 준비를 해야 한다. 누군가와 비교를 하게 되면 좌절감을 느끼는 경우도 있다. 우리는 우리가 지금의 모습이 되기까지 겪어온 지난 시간의 역사를 인정해야 한다. 어제의 자신과 계속해서 비교하며 자신만의 역사를 쓸 준비를 하는 것이다. 과거가 변하면 미래가 변하는 영화나 드라마를 본 적 있을 것이다. 현재 지금 이 순간은 방금 과거가 되었다. 앞으로 우리의 가치를 결정하게 되는 것은 바로 오늘의 '습관'이다.

통제력을 발휘한다는 것은
'주체적인 삶'을 살겠다는 의지이다

　　　　　스스로를 통제한다는 것은 삶 속에서 자신의 속도에 맞춰 삶의 주도권을 잡는다는 것이다. 우리는 각자 목표와 나아가고자 하는 방향이 다르다. 각자가 원하는 삶의 방향과 목표가 있다. 생각하는 대로 사는 삶이라는 목표를 향해 각자의 삶에서 주도권을 잡아야만 한다. 주도권은 분명 우리의 삶을 자신이 원하는 행복으로 데려다줄 것이다.

좋은 습관을 들이기 위해서는 먼저 스스로를 통제해야 한다. 매일 나쁜 습관이 1%씩 쌓이면서 나아가야 할 방향을 잃게 된다면 그 종착지는 전혀 생각지 못한 곳에 다다르게 된다. 두 개의 평행선이 있다. 두 선이 계속해서 평행을 이루면서 나아가다가 한 개의 선의 각도가 3도 엇나갔다고 치자. 3도는 크지 않지만, 그 3도가 엇나간 선이 계속해서 이어지다 보면 어느새 두 선은 걷잡을 수 없이 멀어지게 된다. 이 두 개의 선이 계속 평행을 이루게 하려면 미세한 각도라도 틀어지지 않게 틈틈이 확인하고 통제해야 한다.

우리는 끊임없이 스트레스를 받아야만 한다

'하이 리스크, 하이 리턴(High risk High return)'이라는 경제 용어가 있다. 투자 위험이 높은 금융 자산을 보유하면 시장에서 높은 운용 수익을 기대할 수 있다는 의미이다. 이 말은 습관에도 적용시켜 볼 수 있다. 즉각적으로 얻을 수 있는 작은 보상이 아닌 미래의 큰 보상을 얻기 위해서는 그만큼의 노력과 인내가 필요하다. 습관을 형성하는 데 있어 보상이 바로 주어지지 않기 때문에 스트레스를 받을 수 있다. 하지만 스트레스가 큰 활동일수록 사실 우리에게 더 이득을 주는 활동이라고 할 수 있다.

스트레스는 일종의 저항감이라고도 할 수 있는데 이 스트레스에는 긍정적 스트레스와 부정적 스트레스가 있다. 좋은 습관이건 좋지 않은 습관이건 우리는 일상을 살면서 우리가 의식하는 모든 행동에 대해서 매일같이 스트레스를 받는다. 이 중에서도 긍정적인 스트레스는 목적을 달성하기 위한 일련의 과정에서 받는 스트레스이다. 지금 당장 눈앞의 쿠키를 먹는 것을 참음으로써 내면의 이너게임을 하게 되고 이 과정에서 스트레스를 받게 된다. 우리는 이때 발생하는 스트레스가 긍정적인지, 부정적인지를 스스로 판단해야 한다.

기존의 틀에서 벗어나 성장 혹은 변화하는 과정에서 우리는 긴장감을 느끼게 된다. 이 긴장감이 바로 스트레스이자 저항감이다. 앞으로 크게 나아가려 할수록 이 긴장감은 더욱 커진다. 우리는 이 긴장감과 저항감에 직면할 수 있는 용기가 있어야만 한다. 또한 지금 각자의 삶 속에서 이런 저항감이 없는 것도 문제가 된다. 저항감이 없다는 것은 현재의 모습에서 더 나아갈 의지가 없다고 해석되기 때문이다. 우리는 계속해서 긍정적인 스트레스를 받아야 한다.

스트레스를 받는 상황을 통해서 추진력을 얻을 수도 있다. 일련의 활동을 통해서 스트레스가 급격히 일어나는 순간을 포착하는 것이다. 예를 들어 운동하는 습관을 통해 건강함을 유지하고 싶다. 운동하는 습관의 전반적인 과정에서 큰 저항감이 일어나는 것을 포착했다. 그 저항감을 이겨내고 막상 클럽에 가서 운동을 하고 개운하게 씻고 돌아오는 과정에서는 큰 저항감을 느낄 수 없었다.

이 상황을 통해서 우리는 운동 자체가 아니라 운동하러 가는 과정이 스트레스를 준다는 것을 명확하게 이해할 수 있다. 이제 앞으로는 그 순간에만 현명하게 대처하면 된다. 그럼 성공에 한 발 더 가까워질 수 있다. 이제부터는 습관을 바꾸고 새롭게 하는 데 있어서 강력한 저항력을 느낄수록 나에게 큰 변화가 일어나고 있음을 내면하는 증서라고 생각하면 좋을 것 같다.

'습관'은 지금보다 더 나은 내가 되기 위한
최고의 '수단'이다

습관은 우리에게 악영향을 끼치는 스트레스 같은 존재가 아니며, 각자가 생각하는 대로 살아가기 위한 가장 필수적인 수단임을 재차 확인했다. 마지막으로 습관을 형성하는 데 있어서 꼭 기억해야 할 키워드에 대해서 이야기하려 한다. 새로운 습관을 형성하는 데에도, 그리고 각자에게 더 이상 필요하지 않은 습관을 대체할 좋은 습관을 형성하는 데에도 필요한 건 단 하나다.

우리가 기억해야 할 단 하나의 목표 '반복'

바로 '꾸준한 반복'이다. 습관은 지속적인 통제하에 꾸준한 반복을 통해서 형성된다. 습관화가 되어가는 과정은 어떤 행동에 대해서 능숙해지는 단계와 비슷하다. 능숙해진다는 것은 반복적으로 인지하고 습득하여 무의식 수준으로도 행동할 수 있게 하는 것과 같다. 처음엔 어려웠던 행동들도 계속해서 반복 숙달을 하다 보면 어느새 '어렵다'라는 감정을 느끼지 않을 수 있듯이 말이다. 처음 운전했을 때와 운전이 익숙해진 지금의 감정을 비교해 보면 확실하게 이해할 수 있을 것이다.

무언가를 달성하기 위해서는 타고난 재능이나 능력 그리고 유전적 힘이 필요하다고 생각하는 사람들이 많다. 하지만 성과를 올리고 실력을 쌓기 위해서는 그저 해야 할 일을 하면 된다. 각 분야에서 정점을 찍은 거장들은 그저 묵묵히 해야 할 일을 반복하고 또 반복했을 뿐이었다. 이들은 작은 습관도 절대 놓치지 않는다.

습관을 형성하려면 계속 반복해야만 한다는 이야기를 듣는 순간부터 부담을 느낄 수 있다. 하지만 계속하다 보면 어제보다 오늘, 처음보다는 지금, 오늘보다 내일 점점 더 쉬워진다. 그렇게 1년이 지나면 힘들다는 감정과 고통도 어느새 사라질 것이다. 거기서부터 인생은 1인치씩 원하는 방향으로 계속해서 변하기 시작한다. 1인치의 변화는 날마다 쌓여 가까운 미래의 삶에 큰 변화를 안겨줄 것이다.

습관 변화를 위한 준비 '정체성의 변화'

우리가 하는 행동, 말, 생각에는 대개 각자의 정체성이 반영된다. 우리가 의식을 했든 의식하지 않았든 자신이 스스로 어떤 사람이라고 정의를 내린 대로 행동하게 된다. 예를 들어 자신은 화를 잘 내지 않고 잘 웃는 사람이라고 믿고 스스로를 정의했다. 이 사람은 화가 나는 상황이 와도 화를 잘 참을 수 있고 또 주변 사람들을 보면서 잘 웃어줄 것이다. 하지만 스스로 잘 웃지 않는 사람이라고 정의했다면 쉽게 짜증을 내고 화를 낼 것이다. 정체성이란 자신의 거울과도 같다. 이제부터는 스스로가 발전할 준비가 되어있는 사람이라고 생각해 보자.

반면 주변에 이런 사람들이 꼭 있다. 아무것도 하지 않으면서 불평만 많은 사람, 시도도 해보지 않고 본인은 할 수 없다고 단정지어 버리는 사람, 스스로를 실패자로 생각하는 사람들. 그들은 자신을 그런 사람이라고 믿고 정의하고 있기 때문에 어떤 상황이 오더라도 실패자처럼 행동하고 말하게 되는 것이다.

그 밖에도 많은 사람들이 스스로 인지하지 못한 상태에서 이게 자신의 정체성이라고 생각하고 살아간다. 스스로를 그런 사람이라고 정의하고 무의식적으로 그 정체성의 정의에 따라 삶을 제한하는 것이다.

> * 나는 아침형 인간이 아니라 일찍 일어날 수 없어.
> * 나는 절대 금연할 수 없을 거야.
> * 나는 원래 잘 늦어.
> * 나는 원래 체질이 뚱뚱해.
> * 나는 이번에도 습관을 만들기에 실패할 것 같아.

이 밖에도 수백 가지의 유형이 존재한다. 정체성도 습관과 같다. 계속해서 주입하면 스스로를 그런 사람으로 정의하게 된다. 자신이 정의한 모습대로 특정 행동이나 상황에 대해 반응하고 행동하는 것이다. 정체성은 대부분 습관에 의해 형성된다. 행동과 경험이 반복되면서 각자의 머릿속에 정체성이 확립된다.

* 아침에 일찍 일어나는 습관을 꾸준히 지킨다면 아침형 인간이라는 정체성이 생긴다.
* 금연을 실제로 한다면 담배를 피우지 않는 사람이라는 정체성이 생긴다.
* 약속 시간에 항상 10분씩 일찍 도착한다면 약속을 잘 지키는 사람이라는 정체성이 생긴다.
* 꾸준히 운동을 하다 보면 건강한 신체를 가진 건강한 사람이 된다.
* 작은 습관이라도 꾸준히 포기하지 않고 성취하다 보면 어떤 습관이라도 형성할 수 있는 사람이 된다.

꼭 기억하자. 행위를 반복할수록 그 정체성은 확고해지고 강화된다. 정체성 'Identity'라는 말은 '실재하다'라는 의미의 라틴어 'Essestitas'와 '반복적으로'라는 뜻을 가진 'Identidem'에서 파생되었다. '반복된 실재'라는 말뜻이다. 이 정체성과 행동을 통한 습관을 잘 연관지어 계속해서 반복하다 보면 우리는 인지하지 못한 사이에 변화되어 있을 것이다. 우리는 누구나 무한한 가능성을 가지고 있고 더 나아질 수 있다.

습관 형성 최적의 루틴 'STAR'

—

습관을 전략적으로 형성할 수 있는 루틴을 함께 살펴보려고 한다. 습관을 형성한다는 것은 꾸준한 반복을 통해 특정한 행동을 무의식 속에서도 선택할 수 있는 수준으로 만들어내는 것이다. 그저 반복하는 것 말고는 방법이 없다. 반복을 통해 습관을 형성하는 방법을 제대로 이해하고 전략적으로 계획하여 성공의 길로 1인치 틀어보자.

다음 장부터는 'S.T.A.R'라는 4단계를 거쳐 습관을 형성해 볼 것이다.

STEP 1. 습관 형성 준비 단계 "Self analysis"

STEP 2. 준비한 습관을 시작하고 행동하는 단계 "Trigger"

STEP 3. 계속해서 행동하는 단계 "Act"

STEP 4. 지속적인 반복을 통해 변화를 달성하는 단계 "Repeat until the end"

"인생은 변화다. 그리고 성장하는 것은 선택이다. 그렇기에 현명하게 선택하라."

카렌 카이저 클라크(Karen Kaiser Clark)

Part 2

나만의 미래를 설계하자

:Self analysis

우리가 습관을 바꾸는 데
실패한 이유

매년 1월 1일이 되면 한 해를 멋지게 보내겠다는 다짐과 함께 대학교 합격, 취직, 자격증, 시험, 외국어 공부, 다이어트 등 다양한 목표를 세운다. 왠지 의지도 충만하고 뭔가 올해는 꼭 해낼 수 있을 것 같은 기분이다. 하지만 새해의 다짐을 한 사람 중 마지막까지 그 목표를 제대로 이뤄낸 사람은 얼마나 될까? 작년의 목표가 뭐였는지 기억할 수 있는 사람도 몇 없을 것이다. 올해의 목표는 무엇이고 어떻게 진행되고 있는가? 왜 우리는 매번 실패할까?

목표와 목적의 명확한 이해와 설정

우리는 보통 준비 단계부터 매번 같은 3가지의 실수를 반복해 왔다. 첫

째로, 습관을 형성하기에 앞서 목표와 목적, 이 비슷한 듯 다른 두 가지의 차이점에 대해서 제대로 이해하지 못했다. 두 번째, 목표를 명확하게 설정하지 않았다. 세 번째, 말도 안 되는 혁신적인 변화와 목표를 외치며 습관을 형성하려고 덤벼들었다. 우리는 습관을 준비하는 단계부터 실수를 범하고 있었다.

먼저 목적과 목표의 정확한 차이점에 대한 이해가 필요하다. 목적은 실현하고자 하는 지향점에 대한 의미가 내포되어 있다. 목표는 목적을 이뤄나가는 데 있어 시각적으로 확인하고 체크할 수 있는 지표나 결과를 말한다. 한 가지 예를 들어보면 건강한 삶을 영위하는 것은 '목적'이다. 이 목적 달성을 위한 '목표'는 다이어트가 된다. 건강한 삶을 잘 준비하고 있는지 시각으로 측정할 수 있는 하나의 지표인 셈이다.

다이어트를 하겠다는 사람 중 약 40%가 첫 주에 포기한다. 그중 무리한 다이어트로 인해 다이어트 전보다 살이 더 찌는 사람이 50%에 가깝다. 이 통계에 대한 핵심 또한 목적과 목표에 있다. 보통 힘들게 다이어트를 하는 도중 "내가 왜 이렇게 힘든 일을 하고 있지?"라는 질문을 하는 시기가 분명 온다. 습관을 형성하는 과정에서의 첫 관문이다. 이 질문에 대한 자신의 답변에 따라 습관을 지속적으로 형성해 나갈지 여기서 그만둘지가 결정된다. 그리고 이 답변은 목적과 목표가 명확한지에 따라 달라진다.

지금 다이어트를 하는 목적이 건강이 악화되고 혈압 수치가 너무 올랐기 때문이라고 가정해 보자. 이 사람의 다이어트 '목적'은 건강 회복이다. 그리고 다이어트는 하나의 시각적 지표인 '목표'이다. 이 사람이 10kg을 감량하게 되면 정상 체중으로 돌아오고 혈압도 정상 수치를 찾을 수 있다고 한다. 그럼 자연스럽게 10kg 감량이라는 목표가 세워진다. 그러던 중간에 "내가 왜 이렇게 힘든 일을 하고 있지?"라는 질문을 받으면 이 사람은 명쾌하게 답변할 수 있다. "나는 건강 회복을 위해 운동하고 있고 이제 3kg만 더 감량하면 돼!"라고 말이다.

목적과 목표가 확실하면 무엇이든 해낼 수 있다

몇 년 전 제대로 된 다이어트의 경험과 지식이 없는 상태에서 바디프로필에 무작정 도전했다. 당시 잘못된 다이어트로 인해 결과는 다소 아쉬웠다. 슬럼프에 빠져 있었고 하는 일마다 실패하기 일쑤였다. 그러다 보니 자연스럽게 자신감과 자존감도 바닥을 쳤다. 무슨 수를 써서라도 전환점을 만들어야겠다고 생각했기에 체중 감량만을 목표로 운동과 식단을 병행했다. 하지만 그 결과는 너무 아쉬웠다. 목표가 확실하지 못했기 때문이다.

바디프로필이 목표라면 단순히 몸무게의 숫자를 줄이는 게 아니고 체지방을 감량해 몸의 근육을 더 돋보이게 해야 한다. 그러나 무작정 몸무게 숫자를 줄이는 것만 생각하고 뛰어들었던 나는 식사량을 극도로 제한했다. 몸무게 숫자를 줄이는 데에만 급급했던 결과 적당량의 탄

수화물을 먹지 않아 오히려 체지방이 감소하지 않았고, 건강해지고자 시작했던 다이어트로 인해 건강을 잃는 결과를 낳았다.

앞서 세계의 수많은 거장들이 아침에 일찍 일어나는 습관을 지니고 있다고 언급했다. 그들이 아침에 일찍 일어나는 이유는 목표일까, 목적일까? 그들의 목적은 목표를 향해서 계속해서 발전하고 나아가는 것이다. 그들은 아침 일찍 일어난다. 이는 목표다. 뇌의 활동은 기상 후 오전 시간에 가장 활발하고 총명해진다. 아침 시간은 업무의 효율을 극대화시킬 수 있는 시간이기도 하다. 그래서 그들은 아침에 일찍 일어나는 것이다. 그들이 그 힘든 일들을 몇십 년씩 계속할 수 있는 이유는 목적과 목표가 명확해서다.

목적과 목표는 최대한 명확하게 설정해야 한다. 평상시에 주변 사람들에게 어떤 목표를 가지고 있는지, 어떤 것을 이루고 싶은지 물어보면 자주 듣게 되는 답은 이와 같다. 돈 많이 벌고 모으기, 다이어트, 여행, 차 바꾸기 등이다. 이 대답들이 약간 모호해 보이지 않는가? 얼마만큼의 돈을 모아야 할까? 무엇을 위한 다이어트인가? 그 목표를 이루기 위한 구체적인 계획이 세워지지 않은 경우가 대부분이다. 바로 목적이 불명확해서이다.

자신이 변하는 것. 새로운 습관을 형성해 조금씩 성장하고 다른 모습으로 삶을 이끌어간다는 것. 이 이면에는 항상 불안감과 긴장감, 그리고 기대감이 존재한다. 이 불안감과 긴장감은 어디에서 나오는 것인가? 바로 불명확한 목적과 목표에서 나온다. 한 가지 예를 들어보겠다. 주변에서 많은 사람들이 갑작스레 다이어트를 한다고 한다. 나는 다이어트에 대한 큰 필요성을 느끼지 못했지만 주변에서 하니까 함께 동참한다. 본인의 목적과 목표가 불명확한 상태에서 얼마나 그 도전을 유지할 수 있을까? 예상과 같이 일주일도 넘기지 못하고 그만둘 것이다.

혁신전략은 빛 좋은 개살구다

사람들은 대개 변화하기를 다짐하고 습관을 바꿔 인생을 바꾸겠다는 큰 결심을 할 때 혁신적으로 무언가를 확 바꿔버리겠다고 다짐하고 선언한다. 우리는 스스로에 대해서 과대평가하는 경향이 강하다. 특히 이런 현상이 가장 많이 나타나는 때가 바로 매년 1월 1일이다. 의지가 가장 강한 때인 새해의 첫날은 누구라도 희망찬 목표를 마음에 품고 생각을 한다. 새로운 목표를 설정하고 정하는 것은 좋다. 다만 혁신적인 목표를 설정해서는 안 된다.

사람들은 대개 생각보다 자신의 의지력이나 참을성, 끈기가 약하다는 것을 인정하고 싶지 않아 한다. '내가 진짜 할 수 있을까?'라는 약간의 의심이 있지만 대부분은 목표를 설정하면서 그 감정을 외면한다. 우리는 어떤 목표를 설정할 때 자신의 수준에 딱 맞추거나 혹은 그 수준보다 아주 살짝 높여 설정한다고 생각한다. 그러나 나중에 보면 그 수준은 대부분이 살짝 높은 정도가 아니라 매우 높은 수준이다. 그 장벽이 높아지면 높아질수록 마음속의 저항력은 더욱 거세진다. 하루 이틀은 강한 의지력을 가지고 어떻게든 해낼 수 있다. 하지만 보통 사흘이 되면 통제력을 상실하기 시작한다. 이렇게 습관을 포기하는 작심삼일의 형태가 되는 것이다.

이와 같이 많은 사람들은 변화를 원할 때 혁신적인 것을 생각한다. 혁신은 아주 짧은 시간에 극적으로 무언가를 도전하고 거대한 성과를 내는 것을 의미한다. 명심해야 할 것은 그 어떤 누구도 위대한 성과를 아주 짧은 시간에 이뤄낼 수 없다는 점이다. 혁신 전략이 실패했을 시에는 그만큼 역효과도 크다. 실패할 때의 감정과 높은 저항감을 기억하고 그 목표를 두 번 다시 쳐다보지도 않게 될 수도 있다.

각자에게 필요한 습관을 형성하는 과정에서 더 이상 과도한 목표를 설정했다가 실패하는 경험을 반복해서는 안 된다. 계속해서 실패가 누적되다 보면 스스로 '나는 무언가를 할 수 없다', '의지박약이고 변하기 어려운 운명인가 보다'라고 생각하게 된다.

습관을 행동으로만 이해해서는 안 된다. 습관을 형성하려는 목적과 목표를 명확하게, 그러나 너무 혁신적이지는 않게 설정해야 한다. 그렇지 않고 단순히 예전처럼 습관 행동만 바꾸려 든다면 또다시 원점으로, 아니 더 멀리 되돌아갈 수도 있다. 꼭 명심하길 바란다.

눈앞의 행복에 중독된 우리가
좋은 습관을 만들 수 있는 방법

습관 형성을 위해 목표를 세우는 데 있어서 각자 자신을 객관적으로 평가할 수 있는 용기가 필요하다. 무슨 용기까지 필요하냐고 생각할 수 있지만, 대부분의 인간은 자신을 객관적으로 바라보고 평가하기를 두려워한다. 우리는 우리가 모르는 사이에 무언가에 중독되었을 수도 있다. 나를 객관적으로 평가하고 내게 진정으로 필요한 습관과 더 이상 필요하지 않은 습관이 어떤 것인가를 명확하게 판단해야 성공적으로 습관을 형성할 수 있다.

우리는 모두 각자의 행복에 '중독'되어 있다

앞서 우리 모두는 무의식 속의 도파민에 의해서 선택과 행동을 하는 경향이 있다고 말했다. '중독'이라는 단어는 굉장히 부정적인 단어로 인식된다. 하지만 우리는 사실 모두 각자의 행복에 중독되어 있는 상태다. 다만 우리가 그것을 인지하지 못하고 있을 확률이 크다. 무의식 속의 습관으로 자리 잡았기 때문이다. 무의식 속의 습관은 우리가 의식해서 알려고 하지 않으면 인지할 수 없다.

이야기하기에 앞서 먼저 우리는 행동의 선택을 유도하는 도파민에 대해서 이해해야 한다. 고칼로리 음식, 게임, 도박, 음악 등은 일종의 쾌감과 만족을 주면서 뇌에서 도파민을 분비한다. 이것들을 선택하면 행복해질 것이라는 욕망을 불러일으키는 것이다. 도파민을 분비하게 하는 것은 모두가 가지고 있다. 이 도파민은 각자의 과거 경험과 기대되는 결과에 따라서 상대적으로 다르게 나타난다.

물론 다른 행동을 통해 분비되는 도파민도 있다. 운동 후에 개운하게 씻을 때, 무언가를 성취했을 때, 어려운 문제를 풀었을 때 등의 순간에 느끼는 쾌감이다. 이 쾌감은 긍정적 도파민을 불러일으킨다. 우리는 스스로가 인지하지 못하는 사이에 각자의 행복에 중독되어 있는 것이다.

중독인지 아닌지 구별할 수 있는 방법이 있다. 첫 번째로는 과도한 집착을 보이고 있냐는 것이다. 그것이 무엇이든 삶에서 우선순위가 되고, 자꾸 떠오르고, 반복적으로 하고 싶다고 느끼는지 생각해 보자. 두 번째로는 현실에서 불편함이나 시무룩함을 회피하는 도구로 이용한나는 섬이다. 마지막 세 번째로는 통제력을 상실하는 것이다. 자신이 언제, 어떤 상황에서 통제력을 잃고 어떠한 행동을 하는지를 생각해 보면 알 수 있다. 그래서 우리는 스스로를 돌아보며 이를 객관적으로 바라볼 필요가 있다.

내 아이의 습관이 되어도 좋은가?

사람들은 순간적으로 통제력을 잃고 행동하면서 스스로 어쩔 수 없다는 변명을 한다. 변명과 함께 자기합리화를 하는 것이 바로 '중독의 시작'이다. 자기합리화가 계속되면서 그 합리화한 정체성이 형성되고 강화된다. 그러다 보면 어느 순간 본인 스스로 큰 문제가 없다고 생각하게 된다. 이런 감정을 스스로 속이면서 행동하게 되는 것이 중독이다. 도박이나 알코올, 흡연만이 중독이 아니다. 이것 이외에도 삶의 많은 부분에 중독되어 있을 수 있다. 내게 긍정적 역할을 해주는 습관에 중독되어 있을 수도 있고, 반대로 악영향만을 끼치는 습관에 중독되어 있을 수도 있다.

예를 들어 악영향만을 끼치는 습관 중독에 대해 자기합리화가 이어지면 어떻게 될까? 스스로 문제가 없다고 판단하는 정체성이 강하게 형성되고 그 속에서 빠져나오기 어렵게 된다. 그 이유는 스스로 중독이라고 판단하지 못하기 때문이다. 중독이란 정말 그 누구도 쉽게 통제할 수 없는 영역이다. 그래서 어떤 행동을 하는 데 앞서 이 행동이 나를 좋지 못한 방향으로 이끌어가는 것이 아닌지 스스로 질문할 수 있어야 한다. 객관적으로 자신을 평가하는 용기가 필요한 것이다.

중독 도파민이 무조건 나쁘게 작용한다는 이야기가 절대 아니다. 중독 도파민은 우리가 계속 어떤 행동을 하고 싶게 만드는 강력한 힘을 가지고 있다. 중독 도파민을 무작정 차단하는 것이 아니라, 이를 우리의 삶이 나아지는 데 도움을 주는 방향으로 이용할 수 있어야 한다. 명상, 운동, 성취감을 통해서도 중독 도파민을 만들어낼 수 있다. 우리의 삶을 발전적으로 이끌어갈 수 있는 습관 행동에 중독되어 무의식적으로 계속하게 된다면 우리는 분명 생각하는 대로 사는 삶을 살 수 있을 것이다.

또한 사람들이 좋은 습관이라고 소개하는 것들을 무작정 따라 하기보다 내가 나아지기 위해 '내게 필요한 습관'과 '더 이상 필요하지 않은 습관'을 분류해야 한다. 내게는 필요한 습관이 다른 누군가에게는 필요하지 않은 습관일 수 있다. 그래서 습관을 형성할 때에는 자기평가를 통해서 내게 필요한 습관이 무엇인지, 또 내가 가지고 있는 습관 중 더이상 필요하지 않은 습관은 무엇인지 파악해야 한다.

그리고 여기에 있어 가장 의미 있는 질문을 해보면 좋을 것 같다. 지금 그 습관이 내 가족, 내 아이의 습관이 되어도 좋은가? 이 질문에 '아니다'라고 답하고 싶다면 우리는 용기를 내야 한다. 중독 도파민을 객관적으로 바라보고 대응할 수 있어야 한다. 당신의 소중한 사람이 스마트폰에 빠져 하루를 보내거나 도박에 빠져 일상생활을 제대로 못하길 바라는 사람은 없을 것이다. 당신의 상태를 객관적으로 바라보고 진단할 수 있어야 한다. 도파민을 어떻게 사용할지 선택하는 것은 자신의 몫이다.

"Self analysis"
나를 객관적으로 바라볼 수 있는 자기평가가 중요하다

'나'라는 자아상을 결정하고 만드는 데에는 수많은 요인이 있다. 우리는 그 자아상이 자신에게 맞지 않다거나 각자가 형성하고자 하는 이미지가 현재의 자신에게는 적합하지 않다는 것을 느낄 수 있다. 우리는 언제든지 이를 다시 구체화시킬 수 있다. 내가 생각하는 대로 삶을 이끌어가려면 새롭게 습관을 형성하거나 기술을 습득해야 한다. 나를 객관적으로 바라볼 수 있는 자기평가도 계속해서 이뤄져야 한다.

자기평가를 하지 않는 한 무한히 반복되는 일상의 굴레에서 영원히 빠져나올 수 없다. 매일 일상에서 접하고 얻는 정보가 변하지 않는다면 그에 따라 새로운 변화나 기회도 감지할 수 없게 된다. '내가 도달하고 싶은 곳은 어디인가? 무엇을 이루고 싶은가?'라는 질문을 통해서 나아갈 방향을 잡아야 한다. 우리가 반복되는 일상 속에 남아있다면 앞으로 어떤 작은 변화도 없을 것이다. 용기를 내서 자기평가의 시간을 가져야 한다.

자신을 객관적으로 평가하고 본인에게 진정 필요한 습관이 무엇인지를 생각해야 한다. 내게 진짜 필요한 습관을 생각하게 되면 그 어떤 격려와 조언보다 강한 동기부여를 일으키게 된다. 또 본인에게 더 이상 필요하지 않은 습관을 더욱 과감하게 떨쳐낼 수 있게 된다. 여기서 생긴 동기야말로 우리가 목적을 달성하는 데 큰 원동력으로 작용할 수 있다. 다른 누군가가 제안한 것이 아니라 스스로가 필요하다고 느껴 고안한 방안이기 때문이다.

우리는 이제부터 과거를 겸허히 받아들여야 한다. 과거는 앞으로도 영원히 바뀌지 않을 것이다. 과거의 조각들이 모여 현재의 나라는 사람이 만들어졌다. 그리고 과거의 어떤 모습들이 모여 지금의 내가 되었는지는 본인 스스로가 가장 잘 알 것이다. 따라서 자기평가는 우리가 습관을 형성하는 데 있어서 가장 필수적이며 끊임없이 갱신되어야 할 항목임을 잊어서는 안 된다. 그렇지 않다면 우리는 결국 계속 한 자리에 머물 수밖에 없다. 과거는 바꿀 수 없지만 미래는 바꿀 수 있다.

08

세계적인 거장 워런 버핏의
25-5의 법칙

"지피지기면 백전불태"라는 말이 있다. 이 말은 적을 알고 나를 알면 백 번 싸워도 위태롭지 않다는 뜻이다. 우리는 이제껏 왜 습관을 형성해야 하는지와 습관 형성에 실패할 수밖에 없었던 이유에 대해 살펴봤다. 지금부터는 내게 필요한 습관과 더 이상 필요하지 않은 습관을 직접 선별해 내려고 한다. 이에 앞서 세계적인 기업가이자 투자의 귀재로 불리는 워런 버핏Warren Buffet의 유명한 일화를 한번 살펴보자.

워런 버핏의 25-5의 법칙

워런 버핏은 미국 버크셔 해서웨이Berkshire Hathaway Incorporated의 최대주

주이자 회장으로 투자 역사상 가장 위대한 투자가로 불리고 있다. 워런 버핏과 그의 전용기 조종사 마이크 플린트Mike Flint의 일화를 통해 그가 어떻게 목표 관리를 하고 성공에 이를 수 있었는지 비결을 엿볼 수 있다.

워런 버핏과 10년 넘게 시간을 보내온 마이크 플린트는 버핏에게 어떻게 하면 성공에 더 가까워질 수 있는지 물었다. 그의 질문에 버핏은 이렇게 답했다. "자네가 지금부터 먼 미래까지 달성하거나 이루고 싶은 것들 25가지를 적어보게." 현재의 삶과 크게 관련이 없더라도 떠오르는 대로 쭉 적어보게 했다. 그리고 25가지 중에서 꼭 이루고 싶고 가장 중요하게 생각되는 5가지만 선택하여 동그라미를 쳐보라고 했다. 오직 5개만 골라야 한다는 버핏의 말을 들은 플린트는 고민 끝에 5가지에 동그라미를 쳤다. 그러자 버핏은 동그라미를 친 5개의 목표는 목록 A, 나머지 20개의 목표는 목록 B로 2개의 목록을 만들었다. 버핏은 플린트에게 목록 A를 실행하기 위해 어떻게 접근해야 할지 물었고, 두 사람은 함께 목록 A의 목표들을 달성하기 위한 계획을 의논했다.

마침내 플린트는 어떻게 해야 할 것인지를 알아차리고 버핏에게 이야기했다. "지금 당장 제가 해야 할 일들이 무엇인지 알았습니다. 내일부터, 아니 오늘 밤부터 이 5개의 목표들을 실천하겠습니다." 그러자 버핏이 이렇게 되물었다. "그럼 동그라미 치지 않은 나머지 20개의 목록 B는 어떻게 할 셈인가?" 그러자 플린트는 "목록 A가 더 중요하지만 나머지 20개도 가까운 미래에 꼭 해낼 겁니다. 목록 B는 급하진 않지만 그래도 여전히 중요한 목표들이니까요. 목록 A의 목표들을 실천하는 와중에 목록 B도 틈틈이 노력해서 이루겠습니다."

이 답변은 흔히 우리가 생각할 수 있는 답변이다. 하지만 이에 대한 버핏의 답변은 단호했다. "아니, 틀렸네. 자네가 동그라미 치지 않은 목록 B는 자네가 '어떻게든 피해야 할 목록'이네. 자네가 목록 A의 목표들을 모두 달성하기 전까지 절대로 이 목표들을 거들떠봐서는 안 되네." 오직 다섯 가지의 목표에만 집중해서 달성하도록 한 것이다. 이 조언이 바로 키포인트였다.

이 유명한 일화를 알고 있는 사람들도 많을 것이다. 5년 전 나는 이 일화를 들은 그 자리에서 리스트를 작성하고 5개의 동그라미를 쳤다. 그리고 오로지 그 5개의 목표를 달성하기 위해 선택을 하고 집중을 해 왔다. 그 덕분에 지금의 내가 될 수 있었다. 비우고 나니 한결 선택이 쉬워졌고 더욱 집중할 수 있었다.

To do list vs Not to do list: 선택과 집중

흔히 '선택과 집중'이라고 말한다. 시간과 에너지는 유한하다. 해야 할 일이, 하고 싶은 일이 너무 많으면 어떨까? 그 많은 것 중에서 단 하나도 제대로 못 하게 된다. 선택과 집중을 하는 습관. 실제로 작은 습관 하나가 인생을 변화시킬 수 있다. 우리는 계획을 세우거나 목표를 세울 때

앞으로 해야 할 것은 줄곧 잘 생각하고 적어낸다. 하지만 그 목표를 달성하기 위해 내가 가지고 있는 습관 중에서 하지 말아야 할 것에 대해 생각하지 않는다. 하지 말아야 할 행동을 생각해 보는 것이 해야 할 일을 고민하는 것보다 더 중요할 수 있다.

해야 할 일이 어떤 것인지 모르겠다거나 해야 할 일을 미루어 아예 하지 않게 되는 것, 포기하고 전혀 변화 없이 반복되는 삶을 사는 것. 이 모두가 해야 할 일과 하지 말아야 할 행동들이 명확하게 머릿속에 그려지지 않기 때문이다. 미국 사우스웨스트 항공의 전 CEO 허브 켈러허Herb Kelleher도 이와 비슷한 방법을 통해 매일 수많은 결정을 내렸다. 그의 모든 질문은 시종일관 한 가지만 판단했다. 그 일이 혹은 결정이 사우스웨스트 항공사가 최저가 항공사가 되도록 도와주는 것인가? 우리가 받아들이지 않아야 할 것은 무엇인가? 이 질문을 해본 뒤 도움이 된다면 받아들이고 그렇지 않으면 받아들이지 않았다고 한다.

대부분의 사람이 머릿속에 여러 가지 목표와 선택사항을 두고 행동한다. 실천하는 동안 중요도가 떨어지는 문제까지도 늘 생각한다. 그 이유는 최대한 많은 것을 해내는 것이 좋다고 생각하기 때문이다. 심리학자 시나 이옌가르Sheena Iyengar와 마크 레퍼Mark Lepper는 슈퍼마켓 시식 테이블에 가져다 둔 잼을 시식하면 1달러 할인 쿠폰을 주는 실험을 했다. 어떤 날에는 24종류의 잼을, 다른 날에는 6종류의 잼을 놓았다. 잼의 종류가 많을 때 관심을 보인 사람이 더 많았으나, 구매율은 잼의 종류가 적을 때와 비교했을 때 10분의 1밖에 되지 않았다.

여기서도 선택과 집중의 갈림길에 서게 된다. 이들이 시식 테이블에서 잼을 홍보하고 있는 목적이 무엇인가? 단순히 24종류의 모든 잼을 소개하는 것이 목적인가? 아니면 홍보를 통한 판매율 증대가 목적인가? 만일 홍보가 목적이라면 사람들이 더 많이 모여들게 하기 위해 잼을 모두 진열해야 할 것이다. 하지만 판매 촉진이 목표라면 6종류의 잼만 내놓아야 할 것이다. 선택을 최소화해서 많은 선택지 사이에서 오는 불편함을 줄여야만 한다. 이 일화는 목표와 목적을 명확하게 구분해야 함을 일깨운다.

최적화된 선택은 최고의 결과를 만들어낸다

이렇게 가정해 보자. 지금 건강이 악화되어서 매일같이 컨디션이 좋지 않다. 나 개인뿐만 아니라 주변의 가족과 직장, 그리고 친구에게까지 좋지 못한 영향을 끼치고 있다. 또 금전적으로 예상치 못한 지출을 만들었다. 자극적인 음식만 먹는 습관 때문에 몸무게가 급격하게 늘었다. 이 때문에 옷들이 맞지 않게 되어 옷을 사야 할 현실에 처해 있다. 그리고 이런 연속적인 악영향들 때문에 자연스럽게 자신감과 자존감마저 떨어지게 되었다.

그래서 건강을 다시 되찾겠다는 목적으로 다이어트를 하자는 목표를 세웠다. 이제부터 당신은 모든 상황에서 이 질문에만 대답하면 답을 찾을 수 있다. '지금 이 선택이 내 목표를 이뤄내는 데 도움을 주는가 아니면 방해를 하는가?' 이 한 가지의 질문이 모든 선택을 쉽게 할 수 있게 도와줄 것이다.

현대인들은 너무나도 바쁜 사회에서 살고 있다. 적응할 겨를도 없이 세상이 빠르게 변하고 있다. 또 처리해야 할 일도 너무 많다. 다들 해야 할 일이 너무 많아서 스트레스를 받았던 경험이 있을 것이다. 일도 해야 하고, 친구도 만나야 하고, 집이나 차도 관리해야 하고 또 수많은 경조사를 챙겨야 한다. 우선으로 해야 할 일이 정해져 있지 않다면 어떻게 될까? 한 가지의 일도 제대로 처리하지 못하게 되는 경우가 있다. 선택과 집중은 어떤 일을 포기하는 것이 아니고 오히려 능률을 올려주는 것이다.

워렌 버핏의 25-5 일화는 사실 모든 문제의 답을 주고 있다고 해도 과언이 아니다. 우리는 매번 하나를 선택하고 그 선택에 집중을 해야 최상의 결과물을 만들어낼 수 있다. 또한 도달해야 할 목적지에 더 빠르고 안전하게 갈 수 있다. 습관을 형성하는 것도 마찬가지다. 꼭 기억하자. 수많은 습관을 한번에 바꿔야 하는 것이 아니다. 이제 다음 장에서 25-5의 법칙을 적용해서 실제 우리가 습관화하기 위한 최선의 선택을 해볼 것이다.

09

내 인생의 목표를 최대한 명확하고
또렷하게 설계해야 한다

우리는 보통 목표를 세울 때 대체적으로 거시적인 목표를 세우는 경우가 많다. 하지만 우리가 습관을 성공적으로 형성하기 위해서는 목표를 최대한 명확하고 또렷하게 세워야 한다. 목표를 달성할 수 있는 가장 좋은 방법은 바로 목표를 시각화하는 것이다. 우리는 모두 내 인생을 위해 어떻게 습관을 형성해 나갈 것인지, 또 어떤 모습이 되고 싶은지 멋지게 디자인해야 한다.

시각의 힘은 생각보다 강하다

인간은 약 1,100만 개의 감각 수용체를 가지고 있다. 시각, 촉각, 후각, 미각, 청각 중 가장 예민한 감각을 가지고 있는 것은 무엇일까? 이 중

어림잡아 1,000만 개 정도가 시각세포로 작용한다. 일부 전문가들에 따르면 뇌를 이루는 세포의 절반 이상이 시각에 이용되고 있다고 추정하기도 한다. 즉 시각적 신호가 다른 감각들의 촉매 역할을 하고 있다고 할 수 있는 것이다. 그만큼 시각의 힘은 대단하다.

이런 이유에서 목표를 시각화하는 것은 우리가 목표를 달성하는 데 큰 역할을 한다. 목표를 시각화하면 그때그때의 기분에 따라서 행동하지 않게 된다. 목표를 위해 자신의 의지를 컨트롤할 수 있게 되기 때문이다. 시각화된 뚜렷한 목표가 행동의 기준점을 제시해주는 셈이다. 그런데 시각화된 목표가 없다면 그때그때의 분위기에 휩쓸려 '이번 한 번만은 괜찮겠지'라는 핑계와 함께 실패의 문턱으로 한 발 더 다가가게 된다.

생각보다 많은 사람들이 너무 모호한 목표를 세우고 있다. 예전에 막연히 아침에 일찍 일어나야겠다고 목표를 세웠다. 하지만 몇 번의 실패를 경험하고 이 습관은 불가능하다는 생각을 했다. 정확히 아침 몇 시에 일어날 것인가? 일어나서는 무엇을 할 것인가? 일어나면 어떤 점에서 내게 도움이 되는가? 이렇게 디테일하게 생각을 해본 적이 없었기 때문이다. 하지만 달성하려는 목표를 최대한 구체적이고 명확하게 시각화하게 되면 그 결과가 달라진다. 모호하지 않기 때문에 이너게임에서 빠르게 승니늘 기울 뢰뉼히 쬬야신나.

목표가 명확하다면 아침에 일찍 일어나기 위한 수백 번의 이너게임에서 이길 수 있다. 아침에 일어나서 성공적인 하루를 위해 명상을 하고 일정을 계획하며 하루를 멋지게 시작하는 상상을 해보자. 그리고 이 습관을 통해 꿈을 이뤄낼 수 있다면 어떨까? 상상만 해도 뿌듯하고 자랑스럽지 않은가? 디테일하게 시각화를 하면 할수록 행동을 촉진시키게 되고 그 목표에 도달할 확률이 늘어난다. 머릿속으로 그 목표의 끝에서 변해있을 내 모습이, 내가 받을 수 있는 큰 보상이 그려지기 때문이다.

목표와 계획을 최대한 명확하게 시각화하자

시각화할 때는 글이나 숫자를 이용해 구체적으로 쓰는 법이 있다. 또 이미지를 자주 보이게 하는 이미지화 방법도 있다. 가장 기본적인 것은 육하원칙 '언제, 어디서, 무엇을, 어떻게, 누구와, 왜'에 대입하는 것이다. 너무 길다고 생각된다면 '언제, 어디서, 무엇을' 세 가지만 작성해도 괜찮다. 다만 명확하게 시각화한다는 데에 초점을 맞추면 된다.

> * 나는 아침에 일찍 일어날 것이다: 나는 매일 오전 6시 30분에 침대에서 나와서 화장실로 갈 것이다.
> * 나는 요가와 명상을 할 것이다: 나는 화장실에서 나온 후 유튜브 채널을 통해 최소 15분 동안 요가를 할 것이다. 요가가 끝난 후 명상을 최소 15분 동안 할 것이다.

> * 나는 아침 식사를 할 것이다: 나는 명상이 끝난 이후 출근 전
> 에 꼭 사과와 함께 아침 식사를 챙겨 먹을 것이다.

이렇게 글로써 명확하게 제시한다면 실제로 잊지 않고 행동할 수 있게 된다. 하지만 모호한 목표는 계속해서 생기는 작은 예외들을 허용함으로써 습관을 형성하는 데 실패할 확률이 높아진다.

이번에는 이미지화를 통해 당신이 꿈꾸는 미래의 모습을 한번 구체화시켜 보자. 5가지 질문을 통해서 우리는 미래를 최대한 구체적으로 그려낼 수 있다.

> 1. 당신은 어떤 모습인가?
> 2. 당신 주변에는 어떤 사람들이 있는가?
> 3. 그 사람들은 당신을 어떤 사람이라고 이야기하는가?
> 4. 어떤 음식을 즐겨 먹고 어떤 옷을 입고 다니며 어떤 생활 패턴
>   을 가지고 있는가?
> 5. 나는 어떤 사람인가 한 줄로 적어보자.

미래의 한 시점을 골라보자. 1년 뒤, 5년 뒤, 10년 뒤 언제든 괜찮다. 명확하게 한 해를 골라보고 내가 계속해서 목표를 달성해 나갔다고 상상해 보자. 위 다섯 가지 질문을 토대로 내가 어떻게 변할지 또렷하게 시각화해 보자. 그리고 그것들을 대변할 수 있는 이미지를 모아보자. 이

게 바로 롤 모델이다. 그리고 이 롤 모델의 사진을 최대한 많이 모아서 휴대폰, 아이패드, 컴퓨터 등 눈에 잘 띄는 곳에 배치하자. 인간이 시각으로 정보를 얻는 비율은 전체 비율에서 87%나 차지한다. 그러므로 1년, 3년, 5년, 10년 후의 이미지를 구체적으로 시각화하여 인지하는 것이 가장 효과적인 방법이다.

내가 이 시각화의 힘을 아주 잘 이용하고 있는 방법이 한 가지 있다. 나는 나의 단점들을 잘 알고 있다. 그리고 그 단점을 매번 행동하고 후회하기를 반복했다. 그래서 나는 내가 매일 지니고 다니는 노트와 업무를 보는 컴퓨터 모니터 앞에 포스트잇으로 단점을 작성한 후에 붙여놓았다. 1,000만 개의 세포가 이를 인지해서인지 가끔 그 단점의 행동들이 눈에 띄게 줄었다. 그 실수를 반복하려 할 때면 그 포스트잇이 저절로 떠오르게 된 것이다. 시각의 힘은 대단하다. 우리는 이 대단한 힘을 제대로 이용할 수 있어야 한다.

모든 정답을 알려주는 핵심 질문 한가지 'Why'

우리가 습관을 형성하는 데 있어서 가장 중요한 질문이 있다. 바로 'Why'다. 어떤 일이건 왜 하는지에 대한 명확한 이유를 확인할 수 있어야 한다. 그래야 어떤 일이라도 행동을 해야 할 명분을 명확하게 확인할 수 있다. 그리고 결과적으로 그 일을 성공적으로 잘 해낼 수 있게 된다. 그저 아침에 일찍 일어나기, 다이어트 하기 등 언뜻 좋아 보이고 남들이 좋다고 소개한 습관들은 오랫동안 지속하기 어렵다. 무엇을 위한 목표였는지 진정한 목적을 스스로 고민할 때 열정적으로 습관을 지속하고자 하는 힘이 생겨나는 것이다.

진정한 변화를 원한다면 먼저 변화의 이유를 이해해야 한다. 이 질문에 답할 수 있다면 단순한 변화가 일어나는 데서 그치지 않고 인생을 바꿀 수 있는 청사진을 제시할 것이다. 이게 바로 내재된 '열망'이다. 진정한 행동 변화를 위해서는 내가 어떤 욕구와 열망이 그 변화의 배경에 있는지 확실히 알아야 한다. 그동안 작심삼일로 끝났던 행동에는 꼭 해야 한다는 욕구와 열망이 존재하지 않았을 수 있다.

2020년 생애 첫 피트니스 대회를 나가보겠다고 마음을 먹고 이를 위해서 운동과 식단을 통해 다이어트를 했다. 일반적으로 다이어트라고 하면 체중의 무게를 줄이는 것을 떠올리기 마련이다. 하지만 피트니스 대회를 준비하는 다이어트는 단순히 몸무게를 줄이는 것이 목표가 아니었다. 몸무게를 줄인다는 것은 같지만 그저 몸무게의 숫자를 줄이는 것이 아니고 신체의 골격근량을 잃지 않으면서 체지방량만 줄이는 것이다.

이 힘든 반복을 계속하던 때 내 안에 있던 열망은 무엇이었을까? 앞신 첫 번째 바디프로필 도전에서 얻은 자신감과 자존감의 상승이 큰은 씨앗이 되었다. 그때 느낀 성취감이 나를 여기까지 데리고 왔다. 대회라는 큰 도전을 통해 분명 더 나은 내가 될 수 있을 것이라는 확신이었다.

그렇게 Why가 해결되니 마음속에서는 스위치가 켜지는 것 같은 느낌을 받았다. 그 스위치가 켜지자 모든 순간의 힘든 일들이 당연시되었고 더욱 열정적으로 임할 수 있었다.

습관을 형성하면서 혹은 어떤 일을 선택함에 있어 결정하기가 힘들다면 한 걸음 뒤로 물러나 Why를 생각해 보자. 이 Why라는 질문이 많은 결정에 도움을 줄 것이다. 해야 할지 말아야 할지, 내가 이것을 왜 해야 하는지, 나는 어떤 선택을 해야 하는지에 대한 해답을 들려줄 것이다. 그리고 당신이 이 책을 왜 사게 되었는지, 이 책을 통해 앞으로 어떤 삶을 살고 싶은지. Why라는 질문을 통해 목표를 최대한 구체적으로 시각화하자. 시각의 힘은 생각보다 강력하다.

역산 사고를 통한 습관 설계:
나의 부고기사는 어떻게 나오면 좋을까?

사람은 죽음 앞에서 항상 겸허해지고 지난날을 돌아보게 된다고 한다. 죽을 고비를 넘기고 살아 돌아온 사람들의 이야기를 들어본 적 있는가? 지난날의 모든 일이 한 편의 영화처럼 스쳐 간다고 한다. 그 덕분에 살아 돌아온 이후에는 이전에 없던 새로운 삶을 살게 된다. 이와 같은 이야기들을 많이 접해봤을 것이다. 과연 우리가 사망한다면 과연 어떤 기사가 나올까? 이런 황당한 질문을 던져보자. 이 질문은 내가 앞으로 삶을 어떻게 살아가야 하는지 쉽게 알 수 있게 한다.

내 부고가 기사화된다면?

지금 당장 자신의 사망 기사 내용을 머릿속으로 떠올려 보자. '기업의

CEO', '베스트셀러 작가', '다정한 부모', '유명 디자이너', '1등 선수', '따뜻함을 나눠준 요리사' 등 어떤 것이든 상관없다. 다만 여기서 본인이 선택할 수 있는 것은 긍정적인 기사가 날 것이냐, 아니면 부정적인 기사가 날 것이냐이다. '희대의 사기꾼', '나쁜 부모님', '도박 중독자' 등의 부정적 기사가 나고 싶은 사람은 없을 것이다. 어떤 사람으로 기억되고 싶은가? 이것이 바로 이 주제의 논점이다.

아직 일어나지도 않은 일을 미리 예측해서 결괏값을 낸다. 그 결괏값으로부터 역으로 결괏값에 도달하기 위해 어떤 답을 내놔야 하는지를 유추하는 것이다. 바로 '역산 사고'다. '축적 사고'는 역산 사고의 정 반대 의미이다. 결과가 어떻게 나올지는 모르지만 지금 할 수 있는 최선을 다해 행동하는 것이다. 이 축적 사고는 각자의 최선이라는 과정에 의해 결괏값이 달라질 것이다. 반면, 역산 사고는 이미 도달해야 할 결괏값이 나와있다. 그 값은 축적 사고 방식보다 훨씬 명확하다. 또 그 결괏값을 통해 선택과 행동을 해야 할 기준이 뚜렷하다.

나의 미래상을 계속 상상하고 생각하는 것이 중요하다. 하루에 적어도 한 번 그 모습을 구체적으로 그려 마음속에 되새겨라. 따로 노력을 들이기 어렵다면 스마트폰의 배경화면이나 지갑 혹은 가방에 넣어 다니며 계속해서 리마인드하는 것도 좋은 방법이다.

역산 사고를 통해 내 인생을 바꿔줄 스위치 찾아내기

습관이 연쇄효과를 일으키는 특성이 있다는 것은 이제 이해했다. 좋은 습관 하나면 인생이 달라질 수 있다는 이야기도 공감할 것이다. 인생을 바꿔줄 수 있는 습관, 즉 '스위치 습관'이라고 표현했다. 스위치는 오직 버튼만 누르면 자동으로 많은 것들에 신호가 오게 설계가 되어있다. 그리고 그 버튼은 매우 작고 쉽게 작동시킬 수 있다. 이게 바로 작은 습관과 같은 것이다. 어떤 습관이냐에 따라서 그 습관은 매우 쉬운 습관이 될 수도 있다. 또 습관을 통해서 삶의 많은 부분이 바뀌게 될 것이다.

습관을 '형성'하는 데 있어서 가장 중요한 건 반복이다. 그리고 습관을 '선정'하는 데 있어서 가장 중요한 것은 습관의 힘을 믿고 '욕심'을 내지 않는 것이다. 워런 버핏의 25-5의 법칙에서 확인했듯이 한 번에 여러 가지의 습관을 형성하려고 한다면 그 결과는 뻔하다. 얼마 못 가서 무너지고 말 것이다. 습관 행동을 한다는 것은 그만큼 에너지와 의지력의 소모가 크기 때문이다. 또 너무 많은 습관을 만들려고 욕심을 낸다면 당장 어떤 것을 해야 할지 결정하기도 어렵다.

그렇다면 몇 개의 습관이 적당할까? 많지도 적지도 않은 두 개로 시작하는 것이 좋다. 바로 아침, 저녁 습관이나. 이 습관 목록을 만들 때 가장 신경 써야 할 것은 각각의 습관이 자신이 목표하는 바와 일치해야 한다는 것이다. 저마다의 목표를 향해 나아가는 데 스위치 역할을 해줄 수 있는 습관이 무엇인지는 본인이 더 잘 알 수 있다. 우리는 그 스위치를 단 두 개만 찾아내면 된다.

목표는 커리어, 재정, 인간관계, 건강, 여가 생활 등으로 구분할 수 있다. 각자의 목적에 맞는 목표를 아침, 저녁 시간에 각각 하나씩만 설정하고 실천하면 된다. 예를 들어 역산 사고를 통해 기업의 CEO가 되는 것을 목표로 삼았다. 그 목표에 다가가기 위한 스위치 습관 두 가지를 선정하면 된다.

– 아침에는 커리어와 건강 측면의 목표

: 아침에 일찍 일어나 아침 시간 활용하기

→ 5시에 일어나 가벼운 요가와 명상으로 신체를 깨우기

→ 하루 계획표 작성하기

→ 뉴스나 신문 구독하기

→ 아침에 먹어야 좋은 영양 성분 섭취하기

– 저녁에는 커리어 측면의 목표

: 책을 읽고 자기계발 강연 1편씩 듣기

→ 강연 시청하기

→ 책 읽기

→ 일기 쓰기

이렇게 하루 두 가지 스위치 습관을 아침, 저녁으로 구분해서 선정하면 된다. 이 두 가지는 기억하고 유지하기가 매우 쉽다. 분명 각각의 습관들은 조금씩 단단해지고 성장하면서 연쇄효과를 일으키게 된다. 그 연쇄효과를 통해 가까운 미래에 기대 이상의 큰 시너지가 일어날 것이다. 작아 보이지만 꾸준히 지속하다 보면 분명 이 두 가지 습관이 당신의 인생을 밝혀줄 것이다.

상위 20% 안에 들어가는 가장 쉬운 방법

삶에 변화를 주기 위해 강의나 책을 읽는 사람들이 많다. 이 사람들은 변하기 위해 계속 노력하는 것으로 보인다. 하지만 그런 노력에도 불구하고 대부분의 삶은 여전히 크게 변하지 않고 있다. 삶을 변화시켜 줄 수 있는 강의나 책을 읽고 나서 실제로 그들 중 80%는 어떤 행동조차 하지 않는다고 한다. 또 행동하는 남은 20%의 사람들도 대부분 그 행동을 유지하지 못한다고 한다. 나 또한 결제해 놓고 듣지도 않고 만료가 된 강의, 사기만 하고 읽지 않은 책들이 많다. 가끔 기회가 생겨 참석한 특강으로부터 생긴 열정도 며칠 만에 꺼져버렸던 적이 대부분이었다.

실패할 수 있다. 하지만 이러한 실패도 행동을 했다는 가정이 있을 때 할 수 있는 것이다. 그리고 실패를 했으면 다시 시도하면 그만이다.

이 뜻은 이미 실천으로 옮기기 시작했다면 벌써 상위 20% 안에 위치할 수 있게 된다는 것이다.

최근 감명 깊게 읽은 시가 한 편 있다. 미국의 시인 겸 소설가인 거트루드 스타인Gertrude Stein의 시이다.

'해답'

해답은 없다.

앞으로도 해답이 없을 것이고

지금까지도 해답이 없었다.

이것이 인생의 유일한 해답이다.

스스로 확신하지 못하면 아무것도 할 수 없게 된다. 반면 스스로 더 나아진 삶을 살 수 있다고 믿으면 정말 그렇게 될 것이다. 사는 대로 생각하게 되는 삶을 살아갈 것인가, 아니면 삶을 원하는 방향으로 이끌며 살아갈 것인가? 과거는 더 이상 바꿀 수 없다. 그러나 미래는 바꿀 수 있다. 여기에 특별한 해답을 알고 있는 사람은 아무도 없다. 실천하는 것만으로도 여러분은 상위 20% 안에 들어갈 수 있게 된다. 역산 사고를 통해 내 인생의 스위치를 찾게 된다면 습관을 형성해 생각대로 살아가는 것은 시간 문제다.

"신념을 가지고 한 발을 내딛어라. 계단 전체를 볼 필요는 없다. 그냥 한 걸음씩 나아가라."

마틴 루터 킹(Martin Luther King jr.)

Part 3

시작을 해야
결과가 있다

: Trigger

완벽주의 VS 비완벽주의,
승리는 언제나 비완벽주의자들이 한다

완벽주의자라고 하면 완벽한 스타일, 빈틈없
는 자기관리, 매력적인 말투에 자리에는 먼지 하나 없는 깔끔함과 뛰어
난 커리어까지 갖춘 제3의 인물이 떠오른다. 이처럼 '완벽주의'라는 단
어는 긍정적이고, 지향적이고, 선도적인 느낌을 준다. 하지만 완벽주의
와 완벽함을 구분해야 한다. 위에 나열한 것들은 완벽함이다. 완벽함은
행동 습관에 가깝다. 완벽한 것과 완벽주의는 다르다.

우리의 발목을 잡는 '완벽주의'

대부분의 사람들은 완벽함을 추구하며 스스로를 완벽주의자라고 생각
한다. 그러나 이 완벽주의가 오히려 스스로의 발목을 잡고 있다. 완벽주

의에 대해서 먼저 명확하게 살펴보자. 완벽주의란 긍정적 측면만큼이나 부정적 측면도 가지고 있다. 스스로 완벽주의가 아닌지 진단해 볼 필요가 있다. 완벽주의의 부정적인 측면을 정확하게 파악해 보고 자가 진단을 해보자. 완벽주의의 정의는 이와 같다.

> * 완벽주의는 무슨 일을 하든지 항상 완벽하게 해내려는 정신 상태다.
> * 일부는 무언가를 완벽하게 완성하지 못한다면 애초에 손도 대지 않으려는 경향이 강하다.
> * 지나치게 높은 기준을 제시해 자신만의 기준에 완벽히 들어맞지 않으면 스스로를 깎아내리거나 폄하하는 기질을 보이기도 한다.

결함이 없다는 뜻의 '완벽'은 대단한 것이다. 문제는 완벽함이 아니고 완벽주의이다. 완벽주의자들의 치명적인 단점이 무엇일까? 준비 단계부터 완벽하지 않으면 아무것도 실행하지 못한다는 것이다. 완벽함을 추구하느라 아예 시작하지 못한다.

완벽주의자들은 상황이 완벽해야만 행동을 한다. 상황이라 함은 장소, 시간, 준비 사항, 안 될 이유로 설명할 수 있다. 완벽주의자는 위 요소 중 하나라도 완벽하지 않으면 행동하지 않는다. 지난 각자의 경험을 떠올려 보자. 그렇게 시작도 하지 못한 일들이 많을 것이다. 가장 쉬운 예로 운동 습관을 형성한다고 가정하고 완벽주의자들의 행동을 살펴보자.

> * 장소: 운동을 가려면 무조건 피트니스 센터 혹은 운동을 전문적으로 할 수 있는 곳으로 가야 한다고 생각하고 계획한다.
> * 시간: 정보 수집을 통해 무조건 한 시간 반은 운동해야 한다고 계획한다.
> * 준비물: 운동을 하기에 앞서 운동복, 운동 장비 등이 완벽하게 준비되어야 한다.

완벽주의자들은 이처럼 장소, 시간, 준비물까지 준비하고 정보를 수집한다. 그리고 계획까지 잡는다. 완벽주의자들의 행동은 무엇일까? 바로 경찰이 범인을 색출하듯 준비한 계획의 안 될 이유를 찾는 것이다.

> * 안 될 이유 1: 피트니스 센터도 등록만 하면 된다. 그런데 조금 더 멀지만 행사를 하는 곳이 있다고 한다.
> * 안 될 이유 2: 일 때문에 시간이 부족하다. 운동을 가면 최소 한 시간 반은 해야 하는데 시간이 부족할 것 같으니 아직은 운동을 할 수 없다.
> * 안 될 이유 3: 운동할 때 입을 옷이 부족하다. 운동을 시작할 수 없다.

완벽주의 성향이 있는 사람은 모든 상황에 어떠한 결함이 없어야 한다는 강박 관념을 가지고 있다. 이들은 안 될 이유를 찾는 데 급급하다. 안 될 이유가 있으면 될 이유도 있을 텐데 말이다. 안 될 이유를 찾는 건 본인의 상황이 완벽해야 실패하지 않을 것이라는 생각 때문이다. 이건 착각이다. 실패하지 않기 위해서 아무것도 하지 않는 것이 실패한 것이다. 결과는 행동이 있어야 나온다.

완벽주의 vs 비완벽주의

우리는 목적과 목표를 분명히 해야 함을 알고 있다. 운동 습관을 형성하려고 하는 목적은 건강 증진이다. 목표는 체중을 3kg 감량하는 것이다. 완벽주의자는 안 될 이유를 수십 가지도 만들어낸다. 반면 완벽주의자가 아닌 비완벽주의자(행동주의자)들은 같은 상황이라도 이와 같이 될 이유를 찾는다. 이들은 시작함에 있어서 준비는 조금 부족할 수 있다. 하지만 완벽주의자와 비교할 수 없는 큰 차이가 있다. 행동으로 옮겨 시작을 했다는 것이다.

* 될 이유 1: 멀리 있으면 운동을 더 가지 않게 될 테니 그냥 가까운 데로 다닌다.
* 될 이유 2: 지금 당장은 일이 바빠 여유가 없지만 하루 30분은

할 수 있다. 여유가 생길 때까지는 하루 30분씩만이라도 꾸준히 하자. 목표는 하루 한 시간 운동이 아니라 체중 감량이다.

* 될 이유 3: 운동복이 부족한 것 같지만 운동을 못 할 이유는 아니다. 그냥 센터에서 운동복을 대여해서 입으면 된다. 빨래를 따로 하지 않아도 돼서 오히려 편할 것이다.

완벽주의자들은 스스로 기대치를 높게 잡고 행동하는 것을 완벽하게 제한한다. 계획을 세우고 분석을 한 뒤 무엇 하나라도 완벽하지 않으면 실행으로 옮기지 못한다. 비완벽주의자(행동주의자)는 행동을 한다. 분석과 생각하는 것은 좋다. 하지만 생각이 결과를 만들어낼 순 없다. 반대로 행동은 성공과 실패를 떠나 결과물을 만들어낼 수 있다. 더 나은 운동법을 검색하는 것은 생각이다. 하지만 30분 운동을 하는 것은 행동이다. 결과는 행동을 통해 나온다.

플로리다 대학교의 제리 율스만Jerry Uelsmann 교수는 영화사진 수업 첫날, 학생들을 두 집단으로 나눴다. 강의실 왼쪽에 있던 학생들은 '양적 집단'이라고 이름 붙여졌고, 이들은 수행한 과제의 양만으로 평가를 받기로 했다. 강의 마지막 날 율스만은 이 학생들이 제출한 사진의 '양'만 봤다. 반대로 강의실 오른쪽에 있던 학생들은 '질적 집단'으로 이름 붙여졌다. 이들은 과제의 '질'만 평가받았다. 한 학기 동안 오직 한 장의 사진만 제출했다. 이 사진 한 장의 질적 완성도에 따라 학점을 부여했던 것이다.

학기 말에 율스만은 가장 완성도 높은 사진들이 양적 집단에서 나왔다는 것을 보고는 놀라움을 금할 수 없었다고 한다. 한 학기 동안 이 학생들은 수없이 사진을 찍고, 구도와 조명을 실험해 보고, 다양한 인화 방법들을 테스트하면서 수많은 실수를 통해 배워 나갔다. 수백 장의 사진을 만들어내는 과정에서 이들의 기술이 놀라울 정도로 향상됐다. 반면, 질적 집단은 사진의 완성도에만 매달렸다. 결국 이들은 입증되지 않은 이론이나 보통 수준밖에 안 되는 사진에는 노력을 기울이지 않았던 것이다.

완벽주의 버리기

결과는 항상 생각과 같지 않다. 율스만의 실험에서도 살펴볼 수 있었다. 같은 시간 속에서 공들여 만들어낸 사진 한 장은 수많은 시도를 한 여러 장의 사진보다 못했다. 비완벽주의자들의 결과가 꼭 나쁜 것은 아니다. 오히려 좋은 경우가 더 많다. 완벽하지 않음을 이해하고 시도하는 순간부터 미래의 결과가 바뀌게 될 것이다. '실패는 성공의 어머니다.' 한 번 실패해 본 사람은 열 번 실패해 본 사람을 이길 수 없다. 실패나 성공은 행동의 결과이지 생각이나 분석의 결과가 아니다. '실패'나 '성공'이 있어야 더 나아질 수 있게 된다.

지나치게 완벽을 강조하다 보면 엄청난 에너지만 낭비한 채 아무 소득을 못 가져올 것이다. 심한 완벽주의는 그 어떤 일도 제대로 시작도 못하고 포기하게 만든다. 완벽주의는 우리가 가지고 있는 잠재력을 가로막는 존재다. 완벽주의는 우리가 쟁취할 수 있는 기회를 가로막는 존재다. 완벽함을 추구하되 완벽주의를 추구하지는 말자. 완벽함은 행동의 결과들을 누적해야만 만들어낼 수 있다. 완벽함도 습관이다. 시작을 하고 행동을 해야만 가능한 것이다. 완벽함의 전제 조건은 수없는 반복의 결과이다.

완벽주의자들은 실패가 두려워 시작조차 하기를 꺼린다. 항상 안 될 이유를 분석하고 조사하기에만 급급하다. 모든 과정과 상황을 완벽하게 준비한다. 오랜 시간 동안 분석하고 그들이 내리는 결론은 대부분 '다음부터'이다. 안타깝게도 그 순간 변화의 기회를 놓쳐버리는 것과 같다. 기회를 다음으로 미룬다면 그 기회는 더 이상 오지 않는다. 온다고 하더라도 굉장히 오랜 시간이 걸린다. "기회란 준비된 자만이 잡을 수 있다"는 말이 있다. 여기서의 준비는 생각이나 분석을 통한 준비가 아니다.

결과란 행동이 있어야 발생할 수 있다. 완벽하게 준비가 안 됐더라도 일단 실행을 하자. 실행하지 않는 게 더 큰 아쉬움으로 남는다. 오직 완벽함을 목표로 하면 더 완벽할 수 없다. 부족한 것만 보여서 아무 시작도 못하게 된다. 완벽하지 않음을 받아들이는 순간 오히려 더욱 완벽에 가까워질 수 있게 된다. 그동안 시작하는 데 앞서 완벽주의에 속아 매번 습관 형성에 실패했던 것이다. 그저 지금의 조건에서 시작하면 된다. 시작하지 못하는 게 더 완벽하지 못한 것이다.

12

동기력은 순간의 감정에 불과하고
의지력은 에너지가 한정되어 있다

동기란 어떤 목표를 지향하여 생각하고 행동하도록 하는 원인 또는 일이다. 우리는 마음먹고 무언가를 시작하거나 행동하기에 앞서 동기부여를 즐긴다. 동기력은 우리가 행동하는 시발점을 만들어주기 때문이다. 동기부여를 통해 시작과 행동을 더 쉽게 만들수 있음은 사실이다. 하지만 그동안 시작하고 행동하는 과정에서 수없이 동기부여를 해왔지만 왜 실패했을까? 우리는 안타깝게도 동기부여를 제대로 사용하지 못하고 있었다.

동기부여는 순간의 김정일 뿐이다

인생에서 강력한 동기부여를 통해서 긍정적이고 극적인 변화를 만들어내본 경험이 있는가? 있었다면 결과는 어떻게 되었나? 강한 동기부여와 자극을 받을 때는 어떤 어려움도 이겨낼 것 같다. 하지만 이상하게 3일 이상을 유지하는 것이 힘들었다. 왜일까? 동기부여는 '순간의 감정'일 뿐이기 때문이다. 어떤 도전에 앞서 동기부여, 자극을 받는 순간 엄청난 에너지가 생기는 것을 느낀다. 순간의 감정으로 어떤 어려운 일도 가뿐히 해낼 것 같은 기분이 들기 때문이다. 순간의 감정을 믿고 갑작스럽게 무리해서 행동하면 3일 이상을 버티기가 어렵다.

좀처럼 운동을 하지 않던 때, 건강한 신체를 갖고 싶다는 목표를 세웠던 적이 있다. 멋진 몸매를 가진 외국인들의 영상을 봤다. 몸집만 한 타이어를 들어올린다. 또 100kg이 넘는 역기를 성난 모습으로 들어올리면서 운동한다. 영상 속의 인물들은 얼른 운동을 하라고 괴성을 지르는 것 같았다. 영상을 보는 내내 엄청난 동기부여를 받았다. 피트니스 센터에 다닐 준비를 했다. 시간과 장소, 준비물을 확인하고 곧장 피트니스 센터를 등록한 후 운동을 시작했다.

첫날, 의욕이 넘쳐 오랫동안 운동을 하지 않았음에도 불구하고 선수들의 운동 방식을 따라 했다. 둘째 날에는 벌써부터 안 될 이유가 떠오르기 시작한다. 또 어제의 힘들었던 순간이 떠올라 갈까 말까 망설여진다. 하지만 창피해서라도 간다. 셋째 날, 운동을 가야 하는데 첫날의 감정이 생기지 않는다. 운동을 가서는 안 될 이유가 너무 많이 떠오른다. 일도 해야 하고 친구도 만나야 한다. 그날로 운동을 미루기 시작했다. 그리고 결과는 생각하는 것과 같다. 이 과정을 수도 없이 반복했다. 순간적 감정에 의지해 매번 실패하기를 반복했던 것이다.

동기를 부여하는 것은 순간의 감정에 지나지 않는다. 동기를 부여하면 그 순간에는 시작하고 행동할 수 있다. 하지만 도저히 못하겠다는 생각이 들면 어떻게 할 것인가? 핑계를 대고 또 미루기 시작할 것인가? 감정이나 기분은 언제든지 바뀌기 마련이다. 순간의 감정과 기분에 따라 행동을 할 것인가 말 것인가 결정되는 것이다. 우리의 감정과 행동은 거의 일치하지 않는다. 주변의 많은 것들이 당신의 감정을 시시각각 바꿔놓을 수 있다. 습관을 형성하려면 감정에 의지해서는 안 된다는 말이다.

진짜 동기부여는 행동 뒤에 온다

동기부여가 아예 쓸모가 없는 것이 아니다. 동기부여는 누구에게나 필요하다. 다만 우리는 그동안 동기부여를 잘못 사용해 왔다. 동기부여의 문제를 짚은 이유는 동기부여로부터 나오는 순간의 감정에 대해서 알아야 하기 때문이다. 또 이 순간의 감정이 모든 것을 해결해 줄 것처럼 의존하는 사람이 많다. 사실 우리를 성장시키고 발전시켜줄 수 있는 '진짜 동기력'은 행동을 하고 난 이후에 더 빠르게 거신다. 이때의 동기력은 단순한 감정이 아니다. 다음 목표를 향해 계속 나아갈 수 있는 추진력 역할을 톡톡히 해준다.

'감정이나 기분이' 행동에 동기를 부여하기도 한다. 감정이나 기분에 의한 동기력은 지속성이 없다. 이는 활활 타오르는 불꽃과도 같다. 활활 타오르는 불꽃은 언제 꺼질지 모른다. 감정이나 기분은 통제할 수 없다. 흘러가는 상황 속에서 수시로 바뀌는 것이 감정과 기분이다. 순간적으로 활활 타오르는 만큼 쉽게 꺼질 수 있다. 집에 돌아가는 길에 스마트폰으로 운동하는 사람들의 영상을 보고 순간의 감정으로 운동을 두 시간 하겠다고 계획한다. 하지만 30분 뒤 집에 도착했을 때 무기력해진다. 30분 만에 불꽃이 꺼져버린 것이다.

'행동이 감정에 동기를 부여하기도 한다.' 행동은 그 끝에서 새로운 감정을 불러일으킨다. 이 감정은 앞선 행동의 결과를 통해 다음 목표를 향해 나아갈 수 있게 해준다. 타오르는 불꽃이 꺼지지 않게 불쏘시개 역할을 해주는 것이다. 피곤해서 책을 1장 이상 못 읽을 것 같았다. 하지만 1장을 다 읽고 난 이후 왠지 더 볼 수 있을 것 같은 기분이 든다. 행동의 끝에서 동기부여를 받은 것이다. 이 동기부여에 대해서는 뒤에서 더 다뤄볼 예정이다. 다만 여기서는 동기부여는 순간의 감정에 의해서 사용하면 안 된다는 것만 명확하게 이해하면 된다.

앞서 피트니스 대회 참가를 했던 경험에 대해서 잠깐 언급했다. 강력한 동기부여를 통해 운동을 처음 시작한 날부터 피트니스 대회 참가를 목표로 운동을 했을까? 아니다. 꾸준히 피트니스 센터를 나가는 습관이 운동 습관으로 발전될 수 있게 동기를 부여해 줬다. 꾸준한 운동 습관은 바디프로필을 도전해 볼 수 있는 동기를, 바디프로필은 예전이면 상상도 못했을 피트니스 대회에 참여할 수 있는 동기가 되어주었다. 대회를 통해 얻어낸 동기는 앞으로 더 큰 도전을 할 수 있게 도와주고 있다.

의지력은 한정되어 있지만 강화시킬 수 있다

동기부여는 순간의 감정이다. 감정과 기분에 의해 행동하게 되는 동기력은 예측이 불가능하다. 게다가 각자의 의지대로 필요할 때마다 사용할수 없다. 반면에 의지력은 감정이 아니라서 그때의 감정과 기분에 영향을 덜 받는다. 평상시 의지력을 발휘하면 원하는 일을 원하는 시간에 해낼 수 있다. 하지만 의지력은 각자가 지니고 있는 한정된 배터리와 같다. 의지력은 시간이 지남에 따라 소모된다. 그래서 습관을 형성할 때 오로지 의지력만으로 일을 해내려고 해서는 안 된다. 의지력에는 한계가 있기 때문에 무리해서 인내하는 일들은 지속하는 데 한계가 있다.

초보 운전자들은 습관화가 되지 않아 의지력을 발휘해 운전을 한다. 그렇기 때문에 짧은 거리만 이동해도 운전을 끝낸 후에 기운이 쫙 빠지는 것 같은 기분을 느낀다. 짧은 거리 운전이 계속 반복되면서 의지력은 강화되고 점점 습관화가 되어간다. 초보일 때는 짧은 거리도 어렵게 느껴졌지만 어느새 먼 거리도 문제없이 갈 수 있게 된다. 습관화가 되면서 의지력이 강화되었기 때문이다. 반복을 통해 운전이 습관화되면 운전자는 의지력을 거의 사용하지 않는다. 무의식 속의 습관이 되었기 때문이다. 습관화가 되면서부터는 노래도 듣고 라디오도 듣는다. 이처럼 반복하다 보면 의지력은 계속해서 강화된다. 그리고 어느새 습관으로 발전되어 있을 것이다.

순간의 감정인 동기부여만으로는 습관을 형성할 수 없기 때문에 의지력을 활용해야만 한다. 계속된 반복을 통해 습관화가 되면 이후에 그 행동을 할 때에는 의지력을 많이 필요로 하지 않게 된다. 이렇게 습관이 형성되면 의지가 없이도 무의식 속에서 선택하고 행동할 수 있다는 점이 습관을 형성하려는 이유이다. 그렇다면 의지력만으로 습관을 만들 수 있을까? 그렇지 않다. 또 의지력의 양은 한정되어 있다. 그렇다면 어떻게 목표를 이룰 수 있을까? 바로 동기력과 의지력을 적절히 잘 사용할 수 있어야 한다.

당신은 친구가 체중을 5kg이나 줄였다는 소식을 듣고 한숨을 내쉰다. '정말 대단하네. 나도 포기하지 않았더라면 지금쯤 성공했을 텐데 왜 또 나는 실패한 걸까? 나는 의지가 왜 이렇게 약한 걸까?'라고 생각한다. 또 각 분야에서 성공한 사람들을 보면서 '저들은 의지력이 타고났나?'라는 의문을 품기도 한다. 그들의 비밀은 동기력도 의지력도 아니다. 바로 습관이다. 그들의 의지력의 크기가 특별하게 큰 것이 아니다. 그들도 동기력과 의지력을 적절히 사용해서 습관을 형성한 것이다.

동기력과 의지력은 우리가 성공적으로 습관을 형성할 수 있게 하는 매우 중요한 요소이다. 하지만 오로지 이들에만 의존을 하려고 해서는 안 된다. 동기력은 순간의 감정에 불과하다는 것과 의지력은 쓸 수 있는 양이 한정적이라는 것을 이해해야 한다. 동기력과 의지력은 불타는 불꽃과 같다. 활활 타오를수록 불꽃은 금방 꺼지기 마련이다. 이 불꽃을 얼마나 오랫동안 지속시키느냐에 성공적인 습관을 형성하는 승패가 달린 것이다.

13

우리는 잦은 실패와 나에 대한 과대평가로 습관 형성에 늘 실패했다

우리는 습관을 형성하려는 동안 잘못된 습관 형성 방법 때문에 크고 작은 실패들을 여러 번 경험했다. 이렇게 실패의 경험들이 쌓이면서 내면에 부정적인 정서를 만들어왔다. 습관 형성에 실패하는 원인 중 하나는 자신을 과대평가한다는 것이다. 순간의 기분에 의한 동기부여로 인해 자신을 과대평가하면서 목표를 설정했기 때문에 항상 실패했다. 반복된 훈련을 통해 차근차근 우리 자신을 변화시켜야 하는데 처음부터 절대 불가능한 목표를 잡아 조금의 진전도 없이 계속 실패하는 것이다. 물론 실패를 통해 배우는 것이 있다면 수없이 실패해도 괜찮다. 그러나 감정에 속아 충동적으로 너무 높은 목표를 설정했다가 얻는 것 없이 반복적으로 의미 없는 실패를 하는 것은 더 이상 안 된다. 의미 없는 실패를 계속하다 보면 학습된 무력감이 발동해 스스로 변화의 기회를 다 차단해 버리기 때문이다.

반복된 실패는 내 한계를 제한해 버린다

한 실험에서 연구원들은 벼룩을 상자에 넣고 투명한 덮개를 씌웠다. 당연히 벼룩들은 상자에서 나오려고 수없이 유리 뚜껑에 부딪혔다. 나오려고 몸부림을 친 것이다. 첫날은 계속해서 점프했지만 덮개에 머리만 반복해서 부딪혔을 뿐 아무 소용이 없었다. 둘째 날부터는 벼룩들이 뛰어오르는 높이가 낮아지고 뛰어오르는 횟수도 눈에 띄게 줄어들었다. 며칠이 지나 유리 뚜껑을 제거하고 관찰했다. 벼룩들은 상자를 충분히 뛰어넘을 수 있음에도 불구하고 뛰어넘지 않았다. 상황이 달라졌음에도 그 상자에서 나올 수 없다고 믿은 것이다.

코끼리 농장에서 학습된 무력감의 또 다른 예를 찾아볼 수 있다. 이 거대한 동물이 아주 가느다란 밧줄에 묶여있다. 이 정도 줄은 코끼리가 끊고자 하면 쉽게 끊을 수 있다. 코끼리가 새끼 때부터 같은 밧줄에 묶여있었다고 상상해 보자. 이 새끼 코끼리는 아직 힘이 없어서 탈출을 시도하지만 실패한다. 실패가 계속되면서 아기 코끼리는 벗어날 수 없음을 확신하고 포기해 버린다. 점점 더 자라면서 몸집도 커지고 힘도 세졌지만 여전히 코끼리는 밧줄을 끊을 수 없다고 착각한다. 성공의 가능성이 없다고 결론을 내려버린 것이다. 이게 '학습된 무력감'이다.

충분한 능력이 있더라도 반복된 실패를 하게 되면 더 이상 시도조차 하지 않게 된다. 여기에는 반복된 실패라는 확실한 전제가 있다. 상자 속의 벼룩과도 같은 상태인 사람이 많다. 잘못된 습관 형성의 방법과 시도로 인해서 수없이 실패를 반복했다. 그들은 더 이상 변하는 것은 어렵다고 믿는다. 또, 아무런 변화의 노력이나 시도도 없이 살아간다. 잦은 실패와 부정적인 결과들이 모여 '나는 할 수 없다', '나는 불가능하다'는 학습된 무력감에 빠지게 된다.

내면 대화를 연구한 쉐드 헴스테터 Shad Helmstetter 박사는 우리가 자라는 동안 타인으로부터 14만 번 정도 "안 돼!"라는 말을 듣는 반면, 긍정적인 말은 수천 번 정도에 불과하다고 한다. "안 돼!"를 계속 들으면서 자라온 사람들은 그 상황에 대해서는 절대 안 되는 것으로 인식을 한다. 이와 같이 실패도 계속해서 반복되면 그 행동을 해서는 안 되는 것으로 인식하게 된다. 한마디로 고착형 마인드셋이 강해지는 것이다. 이 과정이 반복되면서 어떠한 행동이나 변화의 시작조차 할 수 없게 만들어버린다. 스스로 변화의 기회를 없애버리는 것이다.

이렇게 고착형 마인드셋이 강화되면 많은 악영향이 발생한다. 아무 일도 하지 않고 시간을 낭비하면서 남들과 자신을 비교하고 그 비교 속에서 스스로의 자존감만 깎아내린다. 이런 감정들은 무기력한 감정으로 이어진다. 이렇게 고착형 마인드셋이 강해진 사람들은 여전히 아무것도 하지 않는다. 반복된 실패를 통한 '학습된 무력감'의 결과이다. 고착형 마인드셋이 강해지면서 자리 잡은 학습된 무력감은 변화의 기회조차 주지 않는다.

반복된 실패의 가장 큰 원인은 자신을 과대평가하기 때문이다

사람들은 자신의 삶을 스스로 제어할 수 있다고 착각하며 사는 경우가 대부분이다. 우리는 동물이 아니고 인간이기 때문이다. "시작이 반이다"를 외치면서 호기롭게 원대한 목표에 도전하는 경우가 많다. 다른 많은 사람들의 성공 사례를 듣고 무작정 목표를 잡는 것이다. 여기서부터가 실패의 시작이다. 해보지도 않고 제3자의 기준과 경험에 맞춘 목표를 설정한다. 또 제3자의 눈을 의식한 과도한 목표 설정은 시작부터 우리를 실패의 길로 인도한다. 실제 이 목표를 이루지 못한 순간 우리는 죄책감에 빠진다. 과도한 목표를 일단 세운다. 그후 불가능하다는 현실을 곧 깨닫는다. 순간적인 감정인 동기부여에 의해 스스로에게 적합하지 않을 만큼의 원대한 목표를 세워 버린 것이다.

사람들은 보통 이렇게 자신의 상황과 목표의 현실적인 차이를 제대로 파악하지 못하고 너무 급진적인 목표를 제시했기 때문에 실패가 계속되었다. 이 급진적인 목표는 실패할 수밖에 없는 목표들이었다. 우리 스스로를 너무 과대평가했던 것이다. 예를 들어보자.

> * 운동을 처음 시작하는데 선수들이 하는 운동 루틴을 하기로 했다. 운동을 한 지 하룻밤에 지나지 않았지만 근육통이 너무 심해 나갈 수 없다.
> * 책을 쓰는 것이 목표다. 마음먹은 날부터 원고를 쓰려고 자리

잡았다. 하루 종일 앉아있었는데 10줄도 쓰지 못했다. 결국 포기한다.

* 마라톤 풀코스를 완주하는 것이 목표다. 마라톤을 위해 하루에 10km씩 달리기를 연습하기로 한다. 하루는 어떻게든 성공을 하지만 과도한 목표로 인해 포기하고 만다.

우리는 항상 스스로를 과대평가하면서 실패를 반복해 왔다. 잦은 실패의 반복으로 학습된 무력감에 빠지게 된다. 실패가 반복되면서 고착 마인드셋이 강해져 습관을 형성하는 데 매번 실패한다. 최악의 상황으로는 이런 실패가 반복되면서 변화의 의지 자체를 없애버린다. 가장 중요한 것은 실패하지 않을 목표를 세우는 것이다. 등산도 이와 같다. 등산할 때 산 입구에서 저 멀리 희미하게 정상이 보인다. 정상까지는 자신이 없지만 중간 지점까지는 가능하다. 정상은 잊어버리고 눈앞의 작은 목표들을 향해 나아가는 것이다. 그러다 보면 어느새 정상에 도착한다.

산 입구에서부터 정상까지 총 5개의 통과 지점이 있다. 목표를 산 정상이 아니라 각 통과 지점으로 잡는다면 생각보다 쉽게 도달할 수 있다. 1번 목표 지점까지는 1번만 생각한다. 1번 통과 지점에 도착한 후에는 2번 통과 지점까지의 일들만 생각한다. 이와 같이 목표를 작게 쪼개서 실패할 수 없는 계획을 세우는 것이다. 뒷장에서는 성공적인 습관 형성을 위해 습관을 쪼개는 방법을 구체적으로 살펴볼 것이다. 지금은 과대평가 대신 목표를 작게 잡아야 한다는 것만 이해하면 된다.

고착형 마인드셋에서 벗어나자

성공적으로 습관을 형성하고 변화하기 위해서 단번에 큰 변화를 이뤄 낼 필요는 없다. 점진적인 변화가 필요하다. 다이어트를 한다고 치면 몸무게를 10kg을 감량하는 것은 중요치 않다. 건강해지는 것이 근본적인 목적이다. 그렇다면 실패하지 않고 그 목표에 다다를 수 있는 계획을 세우면 그만이다. 그동안 우리는 스스로를 너무 과대평가하면서 습관을 형성하려고 했기 때문에 실패를 거듭 반복해 왔다. 그로 인해 부정적 정서가 내면 깊은 곳에 자리 잡고 있을 수 있다.

사람들은 성장하면서 각자의 지식의 늪에 빠지게 된다. 고착형 마인드셋이 강해진 것이다. 이들은 각자의 경험에 빗대어 결과를 유추한다. 과거에 다이어트를 하는데 실패를 많이 경험한 사람이 있다. 이 사람은 잘못된 방법으로 다이어트를 무리하게 하면서 실패했을 확률이 크다. 하지만 어떤 계기로 인해 다시 다이어트를 해야 하는 상황이 온다면 어떻게 할까? 새로운 방법이 있더라도 시도하기 쉽지 않을 것이다. 그동안의 경험에 빗대어 봤을 때 또 실패할 것이라고 판단이 서기 때문이다. 이렇게 각자의 경험에 의해서 지식의 늪에 빠지게 된다. 지식의 늪에 빠지면 오직 본인이 알고 있는 답만이 정답이라고 판단해 버린다.

생각의 강은 언제나 흐른다. 그리고 각자의 시간 속에서 경험과 상황은 계속해서 변한다. 하지만 고착형 마인드셋이 강해지면 생각의 강이

막혀버린다. 상황이 아무리 좋아져도 과거의 경험만 생각하며 다시 시도하지 않는다. 새로운 상황을 받아들이지 못하게 된다.

우리 마음 한 켠에도 부정적으로 발전한 고착형 마인드셋이 강하게 자리 잡고 있을 수 있다. 고착형 마인드셋은 그동안 잘못된 습관으로 인해 생긴 것이다. 하지만 이제는 변할 수 있다. 그동안 무엇 때문에 우리가 습관 형성에 실패했는지 알고 있기 때문이다. '나는 할 수 없다', '나는 불가능하다'는 생각을 지우자. 사람은 누구나 무한한 가능성을 가지고 있고 계속해서 더 나아질 수 있다.

14

매일 1%의 성장,
1년이면 38배 성장이 된다

트리거(Trigger)는 '시발점', 즉 변화가 시작
되는 계기라는 뜻이다. 앞서 우리는 습관 형성에 실패했던 이유에 대
해 살펴봤다. 완벽주의에 사로잡혀서, 동기부여와 의지력을 제대로 이
해하지 못해서, 마지막으로는 스스로를 과대평가해 반복되는 실패로
인한 것임을 인지했다. 세 가지를 모두 한 번에 해결할 수 있는 방법
이 있다. 바로 형성하려는 습관의 목록을 작게 만드는 것이다. 하루에
책 3페이지 읽기, 팔굽혀펴기 3개, 영어 3문장 외우기처럼 말이다. 절
대로 목표가 크거나 혁신적이어서는 안 된다. 작은 습관들도 일단 시
작하게 되면 나중에는 엄청난 변화를 가져올 수 있다.

매일 1%의 성장은 38배 복리로 온다

전체 목표 중에서 1%라고 하면 너무 작고 하찮아 보인다. 대부분의 사람들은 결과가 즉시 눈에 보이지 않기 때문에 이 1%의 힘을 무시한다. 1%의 변화는 당장은 작아 보일지라도 쌓이면 엄청난 성장을 가져다준다. 특히나 장기적인 관점에서는 더욱 그렇다. 우리는 장기적인 목적을 가지고 습관을 변화시키려고 하는 것이다. 하루아침에 이뤄지는 것은 없다는 것을 명심하자.

우리는 1%의 성장을 위해서 그저 지금 당장 눈앞의 일에 최선을 다하면 된다. 그러면 성과는 자연스럽게 따라온다. 보통 1%의 성장을 믿지 못하는 이유는 당장 보이지 않는 성과에 대해 불안감을 느껴서다. 《18년이나 다닌 회사를 그만두고 후회한 12가지》의 저자 와다 이치로는 이 1%의 성장을 이렇게 표현했다. 1.01과 0.99의 차이는 고작 0.02일 뿐이지만 1.01의 365 제곱은 37.8이고 0.99의 365 제곱은 0.026이다. 매일 1%씩 자신의 행동을 개선하여 1년 365일 계속하면 1.01은 37.78343이 된다. 즉 38배 성장한다고 표현했다. 매일 1%라는 작은 성장이 추후에는 38배의 큰 차이를 보이게 된다는 것이다.

매일 아침 1시간을 일찍 일어나 내게 필요한 습관을 형성한다고 해보자. 하루 1시간 365일이면 365시간이 더 생긴다. 365시간 동안 책 몇 권을 읽을 수 있으며, 영어 표현은 몇 개나 숙지할 수 있을까? 앞에서 소개한 세계적인 농구선수 코비 브라이언트는 매일같이 가장 일찍 코트로 나와 기본기를 연습했다. 세계적인 축구선수로 발돋움한 손흥민도 매일 아침 일찍 운동장으로 나와서 기본기 연습을 했다. 하루 한 시간이 쌓여서 그들을 세계적인 선수로 만들어낸 것이다.

매일 1%의 성장은 삶을 대하는 방식도 굉장히 심플하게 변화시킨다. 모든 사람은 각자의 시간 속에서 살아간다. 더 이상 남과 비교를 할 필요도 없어진다. 타인이 아니라 어제의 나 자신과 오늘의 나를 비교하면 되기 때문이다. 그렇게 되면 자신만의 속도에 맞춰 살아갈 수 있게 된다. 어제의 나보다 1% 발전한 것에 만족하고 계속 나아가면 그만이다. 그러다 보면 어느새 장족의 발전이 있을 것이다. 또 그동안 상상도 못했던 것들을 해내고 있는 자신을 발견할 것이다.

긍정의 1% vs 부정의 1%

—

처음 피트니스 대회를 나가기로 마음 먹은 뒤, 준비 기간은 총 3개월 반 정도였다. 첫 대회라 선수 생활을 오랫동안 한 친구에게 찾아가 도움을 받았다. 첫 달부터 두 번째 달까지는 친구가 알려준 방식대로 아무리 운동해도 변화가 좀처럼 눈에 보이지 않았다. 하지만 꾸준히 하면 된다는 친구의 말을 믿고 뒤따라서 매일 꾸준히 했다. 그러다 보니 어느새 눈에 보일 정도의 변화를 맞이하게 되었다. 그 변화는 마지막 20일 정도를 남겨두고 눈에 띄게 드러나기 시작했다.

이후 처음에는 불안했던 감정들이 어느새 자신감으로 바뀌기 시작했고 더욱 박차를 가하게 되었다. 마침내 두 번의 대회에 출전하게 되었고 3등과 5등이라는 큰 성과까지도 얻을 수 있었다. 그 친구는 매일같이 지금 당장은 큰 변화가 없지만 너 자신을 믿고 꾸준히 하다 보면 무조건 변한다고 말해줬다. 정답은 바로 꾸준함이다.

하지만 좋지 못했던 선택과 습관들로 인해 우리가 인지하지 못한 사이 무의식 속에서 건강이나 능력 등이 매일같이 1%씩 퇴보하고 있다고 생각해 보자. 당장은 습관적으로 매일 자극적인 음식을 먹어도 괜찮을 수 있다. 하지만 이게 켜켜이 쌓여간다면 훗날 식도염, 고혈압 등의 각종 질환을 가져다 줄 것이다. 또 체중이 심각하게 불어날 수도 있고 이는 정신적인 문제까지도 영향을 끼칠 수 있게 된다. 1% 나빠지는 것은 큰 악영향을 끼치지 않는 것으로 보일 수 있다. 하지만 이 1%의 악영향이 훗날 복리로 돌아오게 된다면 전혀 기대치 않던 삶을 살게 될 것이다.

긍정적 습관이건 부정적 습관이건 우리가 평상시에 행동하면서도 의식하지 못할 수도 있다. 스스로가 의식하려고 하지 않으면 무의식 속에서 계속 행동과 선택을 반복하고 있을 것이다. 우리는 의식적으로 긍정의 1%를 만들어 부정의 1%를 대체하거나 없애려고 노력해야 한다. 스스로가 인지하지 못한 부정의 1%가 언제 내게 총구를 겨누게 될지는 아무도 알 수 없기 때문이다. 긍정적인 습관이건 부정적인 습관이건 복리로 돌아오는 것은 같다.

습관의 성공률을 높여 자기효능감을 올린다

—

자기효능감self-efficacy이란 심리학 용어로 어떤 상황에서 적절한 행동을 할 수 있다는 기대와 신념으로 자신에 대한 믿음과도 같다. 수없이 실패만 반복해 왔던 사람들은 자기효능감이 약하다. 반면에 작은 성공이라도 꾸준히 해낸 사람들은 자기효능감이 높은 것이다. 목표를 너무 크게 잡거나 혁신적으로 잡으면 성공 확률이 줄어들어 자기효능감도 줄어들 수밖에 없다. 하지만 1%의 작은 성공들을 계속하다 보면 자기효능감이 커져 어떤 일이든지 해낼 수 있게 변화할 수 있다.

당장 지금 눈앞에 할 수 있는 일들을 해내면 된다. 오직 정상에 도달하는 것만을 목표로 등산을 하려고 하면 어렵게 느껴진다. 하지만 정상으로 가는 중간 통과 지점을 목표로 조금씩 움직이다 보면, 중간 통과 지점에 도착할 때마다 다음 통과 지점으로 갈 수 있다는 믿음이 생기고 자신감이 생긴다. 그렇게 꾸준히 가다 보면 어느새 정상에 도착한다. 매 순간에 얼마나 최선을 다하느냐에 따라 1년, 2년 후에는 큰 차이를 만들어낼 수 있다.

아주 하찮으리만큼 1%의 성장을 꾸준히 해왔다면 지금 어떻게 되었을까? 작년에 세웠던 목표들을 기억하는가? 책을 쓰고 있는 지금도 지난 시간을 돌이켜 보면 1%의 힘이 느껴진다. 하루아침에 책을 쓰려고 했었더라면 절대 불가능했을 것이다. STEP BY STEP으로 매일같이 공부하고 생각을 정리하고 또 자료를 수집했다. 그 결과 지금 책을 써 내려가고 있다. 다른 사람과 비교를 하는 것이 아니었다. 오직 나만의 시간 속에서 어제의 나보다 나아지는 것에만 집중했다.

처음부터 불꽃을 활활 피워올리지 말자. 지금 당장 내게 필요한 습관부터 하나씩 하나씩 성취해내다 보면 자기효능감이 올라간다. 자기효능감의 상승은 긍정적 자기평가로 이어진다. 자기평가가 달라지면 어느새 과거와는 다른 내가 되어있을 것이다. 한 가지 일에서 얻은 자신감은 그대로 다른 일로 연결된다. 새로운 도전에 동기부여를 일으킬 수도 있다. 습관은 연쇄효과를 일으키는 성질을 가지고 있어 얼마나 큰 긍정의 시너지가 나타날지는 예측할 수 없다. 1% 성장의 잠재력을 믿고 묵묵히 해나가면 된다.

"승자와 패자를 구분하는 단 한 가지는
승자는 실행하는 사람이라는 점이다."
– 앤서니 로빈스 Anthony Robbins

15

시작을 위한 최고의 전략 ①: 목표를 작게 쪼개는 STEP UP 전략

지금껏 습관을 형성하는 데 있어 가장 큰 실패 요인을 함께 알아봤다. 그 모든 것들을 해결할 수 있는 건 바로 매일 목표 습관을 작게 쪼개, 1%씩 성장하는 것이었다. 이 1%가 가진 잠재력은 무궁무진하다. 성공한 사람들의 비결이 바로 매일 1%의 꾸준한 성장이다. 이제부터 목표 습관을 전략적으로 쪼개는 방법에 대해서 알아보자.

작을수록 성공 확률이 늘어난다

미국의 한 매체에서 실시한 한 리서치 조사에 따르면 새해의 결심을 성공할 확률이 8%에 불과하다는 것을 확인했다. 어떤 결심이건 결심을 한 사람의 25%는 1주 안에 포기했다. 또 30%는 2주 안에 포기했다. 절반 정도의 사람들이 목표를 잡은 지 한 달 이내에 목표를 포기했다. 결국 연말까지 가서 결심을 이뤄낸 사람은 10%도 되지 않았다고 한다. 무엇이 잘못되었길래 한 달도 안 돼서 절반이 넘는 사람들이 포기한 것일까? 바로 목표 설정부터가 잘못되었기 때문이다. 스스로 과대평가해서 혁신전략을 세운 사람들이 대부분이었다.

'시작이 반이다'라는 말이 있다. 나도 동감한다. 어떻게 시작이 반일까? 시작은 시작일 뿐이다. 하지만 이 말은 그만큼 시작을 하기가 어렵다는 뜻을 가지고 있다는 것을 우리는 다 알고 있다. 항상 첫 시작이 어려운 이유는 성공해야 한다는 부담감과 감당하기 벅찬 크기 때문이다. 시작을 하면 '패배자'가 되지 않기 위해서 어떻게든 성공을 해내야 한다고 스스로 생각한다. 그래서 애초에 실패하지 않기 위해서 시작을 하지 않으려고 하는 경우가 대부분이다. 목표 습관을 작게 쪼개야 하는 이유가 바로 이 때문이다. 시작을 하는 데 있어서 장벽을 허물어야 한다. 이 작은 습관들로도 우리는 충분히 매일 성장할 수 있다.

회사에 중요한 프로젝트가 있다. 이 프로젝트를 성공적으로 완수하기 위해서는 프로젝트를 작게 쪼개야 한다. 그리고 각 부서의 담당자들에게 협조를 요청해서 프로젝트를 진행시켜야 한다. 각 담당자들은 전체적인 그림보다는 본인의 할당량만 생각하면 된다. 때문에 부담 없이 일을 진행할 수 있다. 하지만 전체를 혼자서 다 진행해야 한다면 어떤 기분일까? 회사에 함께하는 동료들이 있는 이유가 그 때문이다. 혼자

할 수 있는 일은 없다. 마라톤을 완주하기 위해서는 1km부터 차근차근 연습해 나가야 한다. 처음 마라톤에 입문한 사람에게 42.195km의 거리를 완주하라고 해보자. 시작도 못한 채 포기할 것이다.

자동차도 마찬가지로 수천 가지의 부품이 들어간다. 수천 가지의 부품을 한곳에서 생산할 수는 없다. 각각의 부품을 담당하는 회사에서 각자가 만들어낼 수 있는 부품을 만들어 한 곳으로 모아 완성품을 만들어낸다. 습관도 마찬가지다. 작은 단계를 반복해야 원하는 방향으로 계속 나아갈 수 있다. 어떤 일이든지 작은 일들이 모여 큰일을 이룬다.

'시작할 때 위대할 필요는 없다. 그러나 시작하면 위대해진다.'
— 지그 지글러 Zig Ziglar

성공적인 습관 형성을 위한 첫 번째 전략은 바로 목표를 작게 쪼개는 것이다. 시작을 하기에 앞서 저항감이라는 장벽을 허물어야 한다. 중요한 건 다른 사람이 세워놓은 목표를 따라 하거나 그럴싸해 보이기 위해서 목표를 세워서는 안 된다는 것이다. 사람들은 각자의 상황과 습관 목표가 모두 다르다. 다름을 알면서도 무엇을 어떻게 시작해야 할지 모르겠어서 그서 따라 하려는 경우도 많다.

뇌를 만족스럽게 만들어라

뇌가 몸 전체의 비율에서 차지하는 비율은 2%밖에 되지 않는다. 2%에 불과한 뇌를 통해 인간은 기억, 감정, 언어, 학습 등의 고차원적인 활동을 관장한다. 또 고차원적인 각성, 항상성의 유지, 신체 대사의 조절 등 생존에 필요한 중요한 역할을 하고 있다. 우리의 모든 행동의 선택, 의지는 각자의 뇌에 의해서 작동된다. 우리 뇌는 변화를 싫어한다. 뇌의 입장에서 상황이나 환경이 급격하게 변하는 것은 생존의 위협이 된다는 신호로 해석하기 때문이다. 이런 특성 때문에 혁신적이고 변화의 크기가 커질수록 뇌의 저항이 커지는 것이다.

새로운 도전을 하거나 새로운 목표를 떠올릴 때, 또 새로운 직장을 가거나 새로운 모임에 들어갔을 때의 기분을 떠올려 보자. 환경과 상황이 변하면서 긴장감, 기대감 등의 여러 가지 감정을 느끼게 된다. 하지만 시간이 지남에 따라 상황에 적응을 하고 그 감정이 점차 줄어들게 된다. 습관을 작게 만드는 것도 이와 같은 원리이다. 급격한 변화가 일어나고 있다는 것을 뇌가 모르게 해야 한다. 아주 작은 습관들은 큰 노력 없이 달성할 수 있다. 이를 아주 작게 시작해 점진적으로 늘려가는 것이다.

대체적으로 사람들이 어려워하거나 혁신적인 습관들은 진입장벽 자체가 높다. 갑자기 외국어로 된 신문을 본다거나 매일 10km의 달리기를 한다는 등의 습관 목표는 너무 높다. 반대로 사람들이 쉽게 버리지 못하는 행동들은 대개 진입장벽 자체가 낮다. 스마트폰은 버튼 몇 번으로 쇼핑을 할 수 있다. 버튼 몇 번으로 영화를 볼 수 있고 친구와 대화를 할 수 있다. 들고 다니는 것도 쉽다. 쉬운 행동과 습관들은 진입장벽이 낮다. 그렇기 때문에 습관화가 되는 것이다. 뇌는 진입장벽이 낮은 행동에는 저항감을 불러일으키지 않는다.

1898년 심리학자 에드워드 손다이크Edward Thorndike는 습관이 형성되는 방식을 연구하기 위해 여러 가지 실험을 했다. 그는 여러 실험을 통해 얻은 결과를 다음과 같이 묘사했다고 한다. "만족스러운 결과를 내는 행동은 반복되는 경향이고, 불쾌한 경험을 하게 하는 행동은 덜 반복되는 경향이 있다." 대체적으로 우리 행동의 선택은 만족감과 행복에 의해서 선택이 된다. 습관을 형성하는 데 있어서 저항감이 큰 습관들은 불편한 감정을 느끼게 한다. 하지만 매일 성공할 수 있는 작은 습관들은 스스로 만족하게 해주고 행복하게 해준다. 더 이상 작은 습관을 의심할 이유가 없다.

STEP UP 전략을 통해 습관을 작게 만들기

습관을 작게 만든다는 말은 말 그대로 스스로 형성하려고 하는 습관의 최소 버전을 만드는 것이다. 책을 쓰고 싶은가? 몸무게를 줄이고 싶은가? 외국어 공부를 하고 싶은가? 긍정적인 삶을 살고 싶은가? 어떤 습관 목표라도 괜찮다. 우리가 앞서 선정했던 아침, 저녁 습관을 저항감이 전혀 들지 않는 단계부터 차근차근 설정하면 된다. 여기서 가장 중요한 포인트는 웃음이 나올 정도로 작은 목표를 정하는 것이다. '고작 이 정도?'라는 생각이 들어야 한다.

우리가 작게 설정한 습관은 에너지가 거의 소모되지 않을 수도 있다. 하지만 괜찮다. 매일 각자의 상황은 달라지고 기분과 감정 또한 달라진다. 웃음이 나올 정도로 작게 설정한 이유는 조금 피곤하거나, 기분이 썩 좋지 않을 때도 완수할 수 있기 때문이다. 이를 KEY 동작이라고 이름을 붙였다. 습관의 핵심은 무의식의 속의 행동이 될 때까지의 반복이다. 하루 팔굽혀펴기 3개가 KEY 동작이라고 하자. 이 정도는 매일 거뜬히 해낼 수 있지 않겠는가?

컨디션이 좋은 날은 더 하고 싶을 수도 있다. 원한다면 더 하는 것은 문제가 되지 않는다. 하지만 꼭 기억해야 하는 것은 아무리 컨디션이 좋지 않은 날이라도 해낼 수 있게 KEY 동작을 선정해야 한다는 것이다. 그래야 꾸준한 반복을 통해 1%의 성장을 만들어낼 수 있다. STEP 1부터 STEP 5까지의 각 단계를 선정하자. 각 STEP을 명확하게 선정하지 않으면 그날 기분에 따라 "무엇을 얼마나 해야 하지?", "에이, 내일 하자"라고 생각하면서 또 실패의 싸이클이 반복될 것이다.

아침에 운동하는 습관을 STEP 1부터 총 STEP 5까지의 습관으로 작게 만들고 싶다면 이와 같이 하면 된다. 운동이라고 해서 1시간 달리기, 헬스장 가기 등의 부담스러운 목표를 잡아서는 안 된다.

* STEP 1. 일어나서 3분 스트레칭하기
* STEP 2. 스쿼트 10개, 플랭크 1분 하기
* STEP 3. 스쿼트 30개, 플랭크 1분씩 3set
* STEP 4. 동네 공원에서 30분 런닝하기
* STEP 5. 피트니스 센터 가서 런닝머신 30분 타고 근력 운동 30
  분 하기

이렇게 각자가 선정한 습관을 가장 작고 쉬운 단계부터 도달하고 싶은 단계까지 총 5단계를 만들어내면 된다. 컨디션이 좋지 않은 날에는 STEP 1만 하고 마무리한다. STEP 1을 했는데 컨디션이 좋아 조금 더 할 수 있는 기분이 든다면, 그날의 컨디션에 맞춰 다음 스텝을 선택하면 된다. 중요한 건 매일 성공을 만들어내는 것이다. 잊지 않고 최소한 STEP 1인 'KEY 동작'을 해내는 것이다. 이들을 선정할 때는 목적도 명확하게 함께 제시해 주는 것이 좋다.

습관은 크기가 아니라 목적과 목표, 그리고 반복이 가장 중요하다. STEP UP 전략이라면 시작 단계에서 저항감을 없애 매일 승리할 수 있다. 목표 습관이 힘든 운동이 아니라 스트레칭이라면, 책 쓰기가 아니라 연필을 잡는 것이라면, 영어 회화가 아니라 팝송을 틀어놓는 것이라면? 이 작은 행동들이 시발점이 되어 큰 결과를 가져올 수 있다.

16

시작을 위한 최고의 전략 ②:
최대한 명확하고 구체적으로 할 것

성공적인 습관의 형성을 위한 두 번째 전략은 바로 최대한 명확하게 하는 것이다. 목표 습관을 선정하고 또 습관을 작게 쪼개는 STEP UP 전략을 설명할 때도 중요하게 언급했다. 이것뿐만이 아니라 어떤 행동을 하더라도 가장 중요한 요소이다. 명확하고 구체적인 설정들은 습관을 성공적으로 형성하는 데 중요한 역할을 한다. 생각하는 대로 사는 삶을 살기 위해서 습관을 형성하기로 했다. 생각하는 삶 또한 뚜렷하지 않다면 습관을 형성할 수 없다. 목표와 목적이 명확하지 못하면 습관을 선정할 수 없다. 또 선정한 습관을 이어가기 위한 행동 목표를 명확하게 설정하지 않으면 실패를 반복하게 된다.

명확하지 않으면 잊어버리게 된다

—

일반적으로 우리들이 목적과 다른 행동을 하고 있을 때가 많다. 공부하기 위해서 책상에 앉았는데 손은 핸드폰을 보고 있다. 책을 보려고 했는데 SNS를 뒤적거리고 있다. 일을 하려고 앉았는데 나도 모르게 인터넷 뉴스 기사를 읽고 있다. 무엇을 해야 할지 명확하지 않을 때 우리는 방향을 잃어버리게 된다. 습관을 선정하는 목적도 명확하지 않으면 금세 그만두게 되는 것처럼 말이다. 습관을 형성하는 데 있어 실패하지 않으려면 시간, 장소, 해야 할 일, 오늘의 목표 등이 명확해야 한다. 그렇기에 앞서 STEP UP 전략에서 STEP 1~5까지 구체적으로 나눈 것이다.

"명분이 없다 아입니까, 명분이." 영화 〈범죄와의 전쟁〉에서 극 중 인물 최익현(최민식)에게 깡패 두목 최형배(하정우)가 한 말이다. 명분이 명확하게 없으면 행동을 할 수 없다는 뜻이다. 이와 같이 명분이 명확하지 않을 때는 동기가 결여된다. 명분이 없다면 그 어떤 누구도 하려고 하지 않기 때문에 실패의 싸이클로 다시 들어가게 된다.

STEP UP 전략을 구성하면서 명확하게 계획을 세웠다고 하자. 일어나서 거실에서 유튜브로 3분 동안 스트레칭을 한다. 명확하게 세워진 계획을 충분히 인지하고 있으면 더 이상 명분을 생각할 필요가 없다. 명분을 생각하지 않아도 된다면 빈지동적으로 하게 되는 것이다. 이불 속에서 알람이 울리면 일어날까 말까? 고민하지 않게 된다. 일어나서는 스트레칭을 할지 말지 고민하지 않게 된다. 그저 계획한 대로 행동하게 되는 것이다. 목표한 습관을 실행하는 데 가장 중요한 것은 명확하고 구체적으로 계획을 세우는 것이다.

운동을 다니는 습관을 기를 때 일이다. 운동을 가는 시간과 운동 루틴이 명확한 날과 명확하지 않은 날은 차이가 너무 컸다. 한동안은 운동은 무조건 퇴근 직후에 가도록 정했다. 운동법은 일주일 루틴을 미리 정하고 그날에 맞게 운동을 했었다. 그 이후 하루 30분을 운동을 하더라도 퇴근하고 운동을 가는 일이 습관화가 되어갔다. 그러던 중 피트니스 센터가 이사를 가는 바람에 퇴근 직후 운동을 가는 것이 어려워졌다. 이후에는 어떻게 되었을까? 센터를 집 근처로 옮기기는 했지만 명확하게 시간을 정하지 않았더니 운동을 가는 횟수가 현저히 줄기 시작했다. 내가 의식적으로 운동을 생각하거나 컨디션이 좋은 날만 운동을 나갔다.

이와 같이 해야 할 일들이 명확하지 않으면 하지 않거나 엉뚱한 행동을 대신하게 된다. 이러한 이유는 뭔가를 하려고 하긴 했는데 명확하지 않아 선뜻 시작이 어렵게 느껴지기 때문이다. 이런 기분을 느낄 때 우리는 불편함이나 죄의식을 느끼게 된다. 대신 쉽게 할 수 있는 행동으로 대체하게 된다. 공부를 하려고 앉았는데 어떤 것을 할지 명확하지 않다면 자연스럽게 스마트폰을 들게 되는 것처럼 말이다. 즉, 순간적인 불편함을 잊기 위해서 당장의 기분 좋아지는 행동을 대신하게 된다. 그렇기 때문에 명확하고 구체적으로 계획해야 한다.

명확하다는 뜻은 단순하다는 뜻이다

―

2010년에 처음으로 서버가 활성화된 인스타그램은 현재 10억 명이 넘는 이용자를 만들어낸 SNS이다. 인스타그램의 성공 비결이 무엇일까? 바로 다른 SNS보다 사용하기 쉽다는 점이었다. 인스타그램은 클릭 세 번이면 사진 업로드가 끝난다는 명확함을 가지고 있다. SNS의 진입장벽을 낮추고 전 세계 사람들이 클릭 세 번과 #해시태그만으로 쉽게 소통할 수 있도록 개발했다.

성공하기 위해서는 최대한 단순하게 설계해야 한다. 워런 버핏의 25-5의 법칙을 다시 기억해 보자. 워런 버핏은 25개의 리스트 중 중요하지 않은 20개의 리스트는 쳐다도 보지 말라고 조언했다. 목표는 무조건 단순해야 한다는 것이다. 지금 시대는 모든 것들이 고도로 발전하고 새롭게 변하고 있다. 자세히 들여다보면 고도로 발전할수록 행동들이 단순해지고 있다. 클릭 세 번으로 사진을 업로드하고, 주문 한 번으로 매일 신선한 음식을 받고, 클릭 한 번으로 책을 대신 읽어주는 세상이 되었다.

성공적으로 습관을 형성하려면 어떤 단계에서든 명확해야 한다. 단순함은 모자람이 아니다. 명료하고 구체적인 것이다. 목적과 목표를 명확하게 집아야 한다. 또한 내게 필요한 습관과 더 이상 필요하지 않은 습관도 명확하게 알아야 한다. 내게 필요한 습관을 명확하게 알게 될 때, 우리는 어떤 행동을 해야 하는지 알기 쉬워질 것이다. 그럼 자동적으로 성공률을 높아진다. 명확하다는 뜻은 단순하다는 뜻과 일맥상통한다. 단순함은 진입장벽이 낮은 것이다. 단순할수록 우리의 성공 확률은 높아질 것이다.

내 일상의 루틴으로 만들어라

―

루틴Routine의 뜻은 특정한 작업을 실행하기 위한 일련의 명령, 프로그램의 일부 혹은 전부를 이르는 경우에 쓰는 말이다. 스포츠 분야에서 사용되는 루틴은 선수들이 자신의 최고 능력치를 만들어내기 위해 반복적으로 하는 훈련이나 행동을 말한다. 루틴은 계획과는 약간 다른 뜻을 내포하고 있다. 계획은 변동의 여지가 있지만 루틴은 변동의 여지가 없다. 고정적으로 반복하는 행동이라고 생각하면 편하다. 오전에 일어나서 씻고 옷을 입고 문밖을 나서는 일련의 모든 행동들이 루틴이다.

루틴으로 생각하면 행동하기가 훨씬 수월해진다. 당연히 처리해야 하는 것들로 인식해서이다. 우리가 습관을 성공적으로 형성할 수 있는 방법은 이와 같다. 명확한 목적과 목표를 설정하고 단순한 습관 리스트를 만들어야 한다. 이 습관 리스트를 STEP UP 전략을 통해 명확하고 구체적으로 설정해야 한다. 또 이를 각자의 일상 루틴으로 아침과 저녁에 위치를 시켜야 한다. 그리고 그저 루틴대로 하면 된다. 생각보다 쉽지 않은가?

아침에 일찍 일어나서 자신만의 시간을 갖는 습관, 명상이나 요가를 통해 하루를 시작하는 습관, 삶에서 가장 중요한 건강을 위해 영양제를 챙겨 먹는 습관. 이는 하루를 주도적으로 자신의 페이스에 맞춰 이끌어 나갈 수 있게 만들어주는 시발점이 된다. 루틴이란 자신의 삶을 더욱 값지고 멋지게 만들어주는 좋은 시스템이다.

17

시작을 위한 최고의 전략 ③:
일단 시작하라

작은 습관을 선정하고 시작하기에 앞서 우리에게 필요한 마인드셋이 있다. 결과를 먼저 생각하는 것보다는 일단 시작할 수 있어야 한다. 결과란 행동이 선행되어야 나온다. 생각이나 분석은 아무 결과도 가져오지 못한다. 빈틈없는 완벽한 준비만 하는 것보다는 일단 시작을 해야 한다.

0과 1 VS 1과 10
: 1에서 10을 만드는 것보다 0에서 1을 만드는 것이 더 힘들다

0에서 1을 만드는 것은 1이라는 힘이 필요하다. 그리고 1에서 10을 만드는 것은 9라는 힘이 필요하다. 표면적으로는 1에서 10을 만드는 것이

9배는 힘들다. 하지만 습관을 형성하는 데 있어서는 0에서 1을 만드는 것이 훨씬 힘들다. 그만큼 시작이 어렵다는 뜻이다. 그러나 0에서 1을 만들어내면 1에서 9를 만들어내는 것은 시간문제다. 그렇게 하기 위해 우리는 앞서 실패할 수 없는 필승 전략 STEP UP 전략을 통해 습관을 계획했다.

0은 아무 일도 일어나지 않은 상황이다. 1은 어떤 결과라도 행동이 시작된 상황이다.

'0'의 상태	'1'의 상태
공부를 해야 한다.	책을 폈다.
운동을 가야 한다.	짐을 챙겼다.
명상을 해야 한다.	유튜브 명상 채널을 켰다.
책을 1권 읽어야 한다.	책을 가지고 자리에 앉는다.
아침 습관을 기르고 싶다.	30분이라도 일찍 일어난다.

0의 상태는 아무것도 일어나지 않고 생각만 가지고 있는 상태이다. 1의 상태는 책을 폈으니 한 장이라도 공부하게 된다. 한 장을 마치고 나면 한 장을 더 공부할 수 있을 것 같은 기분이 든다. 운동 준비물을 챙김으로써 이제 가기만 하면 되기 때문에 운동을 가기가 너 쉬워신나. 유튜브 명상 영상을 켠 순간 일단 듣게 되고 듣다 보면 집중을 하게 된다. 책을 가지고 자리에만 앉아도 한 장은 읽게 된다. 아침형 인간이라

고 무조건 새벽 4시 30분에 일어나야 하는 것이 아니다. 30분만이라도 일찍 일어나면 아침형 인간이 되기 시작한 것이다.

STEP UP 전략의 비밀이 여기에 숨어 있다. STEP UP 전략 중 STEP 1은 난이도가 1에 가깝다. 그만큼 너무 쉽다. STEP 1을 하기 전에는 아무것도 못할 것 같은 기분인데 일단 STEP 1을 하고 나면 생각이 바뀌는 경우가 많다. STEP 2 정도는 가뿐하게 할 수 있을 것 같은 기분이 든다. 그러나 정말 힘이 들고 지친 날도 있다. 그런 날은 STEP 1만 하고 마무리 지으면 된다. STEP 1만 하더라도 목표를 달성한 것이기 때문이다. 이렇게 0에서 1을 만들면 1이 계속 단단해지면서 10까지 금방 도달할 수 있다.

심리학 용어 중 '자이가르닉 효과Zeigarnik effect'가 있다. 자이가르닉 효과는 달성하지 못한 일 혹은 정체된 일에 대해 강한 기억을 가지게 되는 현상이다. 작게라도 행동을 시작한다면 멈췄던 것에 대한 기억이 머릿속에 남는다. 하지만 아예 시작도 하지 않는다면 순간뿐인 감정으로 언제 그랬냐는 듯 금세 없어지고 만다.

대표적인 사례가 텔레비전 드라마다. 요즘 즐겨보는 넷플릭스의 드라마와 같은 시리즈물들은 시청하기 겁이 난다. 일단 보기 시작하면 멈출 수가 없기 때문이다. 드라마와 같은 시리즈물에서 주로 자이가르닉 효과를 이용한다. 언제나 아슬아슬하게 끝내서 다음 편을 기다리게 하는 것이다. 가벼운 마음으로 한 편을 보기 시작하지만 보고 난 후에는 그 다음 편을 애타게 기다리게 된다. 습관 형성도 이와 같다. STEP UP 전략의 STEP 1은 정말 작지만 0이 아니라 1의 상태이다. 그렇게 습관 형성의 성공의 발판을 마련할 수 있다.

뉴턴의 운동 제1법칙: 관성의 법칙

뉴턴의 운동 제1법칙인 관성의 법칙을 살펴보자. 이는 외부로부터 힘이 작용하지 않는 한 정지해 있던 물체는 계속 정지 상태로 있고 움직이던 물체는 계속 일직선 위를 똑같은 속도로 운동한다는 법칙을 말한다. 관성의 법칙을 이해하면 왜 일단 시작하는 것이 중요한지 더 잘 이해할 수 있다.

1. 외부에서 힘이 작용하지 않으면 운동하는 물체는 계속 그 상태로 운동하려고 한다.
2. 정지한 물체는 계속 정지한 상태로 있으려고 한다. 외부에서 힘이 가해지기 전까지는 계속 멈춰있다.

이들의 연관성을 알겠는가? 0에서 1을 만들지 않으면 이는 언제까지나 0이나. 하시만 1이 된 순산부너는 움식이기 시삭하는 섯이나. 움식이기 시작한 물체는 에너지를 사용해야 멈출 수 있다. 멈추지 않은 게 더 편하다는 것을 알기 때문에 계속하게 된다. 움직여야 결과가 나온다. 일단 움직이기 시작하면 가속도가 더해지는 것은 시간 문제다.

자전거를 탄다고 생각해 보자. 페달을 굴리기 전에는 0의 상태이다. 0 의 상태에서는 저항력이 크다. 하지만 한 발을 굴리고 나면 느리지만 앞으로 가기 시작한다. 멈춰있는 것과 움직이고 있는 것은 엄청난 차이 다. 또, 자전거를 타고 언덕을 넘어가야 한다고 하자. 언덕의 입구부터 페달을 굴려서 넘어가는 것과 평지에서부터 천천히 굴려 가속도를 붙 여서 넘어가는 것 중 어떤 선택을 할 것인가? 당연히 후자를 선택해야 한다. 처음에는 작아 보이는 습관들을 계속해서 해내다 보면 어느 순간 추진력을 받는 날이 온다. 목표는 언덕을 넘어가는 것이 아니다. 일단 페달을 한 발 굴리는 것이 우리의 목표다.

심리적 항상성

인간의 뇌는 무엇을 최우선으로 생각할까? 바로 생명 유지다. 그래서 새로운 무언가에 도전하려고 하면 뇌는 저항감을 일으킨다. 심리적 항 상성은 저항감이라고 할 수 있다. 생명 유지를 최우선시하는 뇌는 평상 시에 해오던 루틴을 안정적으로 생각한다. 그러나 갑자기 루틴이 바뀌 거나 환경이나 행동이 의식적으로 바뀌게 되면 심리적 항상성이 발동 된다. 불안감이나 긴장감 또는 달성할 수 없는 이유를 찾아내 머릿속에 떠오르게 한다. 즉 변화에 대한 저항감을 느끼는 것을 심리적 항상성이라고 하는 것이다.

심리적 항상성은 크게 변화하려고 하면 할수록 크게 발동한다. 처음에는 저항감이 크게 느껴진다. 하지만 시간이 지남에 따라 조금씩 익숙해지면서 저항감은 줄어든다. 저항감은 감정에 불과하다. 새로운 무언가를 시작하는 데 앞서 불안감이나 긴장감 또는 부정적 생각이 들 수있다. 그땐 그 감정을 그대로 느끼고 '아 지금 심리적 항상성이 발동했구나'라고 생각하면 된다. 흘러가는 시간 속에서 긴장감과 불편한 감정은 점차 줄어들어 안정감을 찾게 된다.

앞서 STEP UP 전략을 통해 습관을 작게 쪼갠 이유다. 심리적 항상성이 최대한 작게 발동되도록 하기 위한 시스템이다. STEP 1을 한다고 하면 너무 쉽기 때문에 저항감이 덜하다. 하지만 갑자기 STEP 5를 한다고 하면 성공할 수 있을지 덜컥 겁이 난다. 진입장벽이 낮을수록 심리적 항상성이 발동하는 크기도 작아진다. 작은 습관이 성공을 불러일으킬 수 있는 이유도 이와 같다. 저항감을 낮춰 일단 시작할 수 있게 만들어준다. 거기서부터가 변화의 시작이다.

일단 빨리 시작할수록 기회는 늘어난다

우리는 행동하기에 앞서 실패를 가장 두려워한다. 아무도 실패에 죄책감을 가지라고 하지 않지만 스스로 실패하는 것을 무서워하는 것이다.

정상에 오른 사람들의 이야기에 귀 기울여 보자. 태어날 때부터 천재가 아니었다. 태어나자마자 세계적인 스타가 아니었다. 숱한 실패와 반복을 통해 만들어졌다. 그들도 우리와 똑같이 페달을 한 발 굴리는 데서부터 시작했다.

성공한 사람과 성공하지 못한 사람의 차이는 얼마나 빨리 시작하느냐에 달려있다. 페달 한 발을 얼마나 빨리 굴렸느냐에 달려있는 것이다. 빨리 시작할수록 빨리 도착 지점에 도달하게 될 것이다. 행동이 빠르고 많은 만큼 실패도 많아질 수 있다. 실패가 많아졌다는 것은 목표에 도착할 수 있는 확률이 높아진 것이다. 하루아침에 성공한 사람들의 사례를 들어본 적 있는가? 어떤 일이건 시도와 실패가 없으면 일어나지 않는다.

18

작은 시작을 통한
새로운 전환점을 만들어라

이제 습관을 시작하고 행동으로 옮길 준비가 모두 끝났다. 전략을 수립하고 방법을 이해하는 것도 굉장히 중요하다. 하지만 가장 중요한 건 바로 본인의 마인드다. '학습된 무력감'을 떨치고 이제는 곧바로 행동으로 옮겨 실행해야 한다. 그동안 우리는 왜 습관을 형성하는 데 실패했었는지 확인했다. 또 어떻게 성공적으로 형성할 수 있는지도 알아보았다. 이제 남은 준비는 고착형 마인드셋을 버린 자리에 성장형 마인드셋을 채워 작은 시작을 만들어내는 것뿐이다.

미루는 습관은 더 이상 안 된다

사실 대부분의 사람들은 습관을 바꾸면 인생을 조금씩 바꿀 수 있다는 것을 알고 있다. 그래서 매년 1월 1일에 희망찬 마음으로 올해는 꼭 해내겠다고 다짐한다. 왜 새해 목표는 꼭 1월 1일이어야 할까? 어차피 목적이 확고하다. 목표도 확고하다. 그렇다면 빨리 시작하면 할수록 좋은 것이 아닌가? 시작하기 가장 좋은 때는 1월 1일이나 매달 1일 혹은 한 주를 시작하는 월요일이 아니다. 무언가 해야겠다는 마음이 들었을 때다. 그때가 내적으로부터 동기가 발생이 된 때이기 때문이다. 하지만 거기서 줄다리기를 이겨내지 못하면 그대로 기회를 잃어버리게 된다.

"나무를 심는 데 가장 좋은 시기는 20년 전이었다"라는 중국 속담이 있다. 시작하기에 좋은 시점은 없다. 지금 당장 조금의 동기가 생겼을 때, 의지가 생겼을 때가 가장 적기다. 내일부터, 다음 주부터라고 다짐을 한다면 실패했던 과거와 달라진 것이 없다. 변하는 데 나이는 중요치 않다. 직업이나 성별도 중요치 않다. 변하고 싶은 목적과 목표 그리고 변하겠다는 의지가 가장 중요하다. 그리고 지금 당장 시작할 수 있는 용기가 필요하다. 조금이라도 마음이 움직이고 있다는 느낌이 든다면 곧장 시작해야 한다.

흥미로운 연구 결과가 있다. 많은 사람들이 자신이 한 일보다 하지 않은 일에 대해서 더 후회한다고 한다. 후회하는 사람들의 대부분이 기회를 놓쳐버린 아쉬움을 계속 안고 살아간다고 한다. 어렸을 적부터 나이가 많은 어른이나 선배들로부터 공통적으로 많이 들었던 말이 있다. "내가 옛날에 하려고 했는데"라는 말과 "내가 3년만 젊었어도"라는 말을 많이 들었다. 두 말의 뜻을 한번 생각해 보자. 과거에 대한 후회가 담겨 있다. 이 말들은 계속해서 반복될 것이다. 시작하기에 적기는 없다는 것을 명심하자.

스스로 태생적으로 게으른 성향이라고 착각하는 사람이 있다. 하지만 대부분은 게으른 것이 아니라 할 일을 미루는 유형이다. 할 일을 미루는 것과 게으름은 완벽히 다르다. 게으른 사람은 아무것도 하지 않는 사람이다. 반면 할 일을 미루는 사람은 해야 한다는 것을 알면서도 하지 않는 사람이다. 예를 들어 운동을 가려고 마음먹고 운동복을 입었다. 그러다 습관적으로 스마트폰의 세계에 빠져 이너게임을 펼치고 있다. 가야 한다는 것을 알고 있지만 자꾸 미루기 시작한다. 이는 게으른 사람이 아니라 해야 할 일을 잘 알면서도 미루는 사람이다. 그리고 밀려오는 죄책감과 아쉬움에 나는 게을러서 어쩔 수 없었다고 스스로에게 핑계를 댄다.

시작하고 행동하는 것이 중요하지 방법은 정보일 뿐이다

—

유튜브에 동기부여 영상을 찾아보면 조회수가 엄청나다. 500만 회를 넘는 영상들이 꽤나 많다. 수많은 사람들이 변화하고 바뀌기 위해서 강의를 듣고 정보를 찾아보고 영상 등의 자료들을 소비한다. 하지만 이들 대부분은 변하지 못한다. 정보를 듣고 이야기를 듣는 것만으로 무언가 시작을 했고 행동을 했다고 착각한다. 하지만 정보나 지식을 습득하는 것은 '0'과 같은 상황이다. 굉장히 많은 시간을 공을 들여 정보를 수집하고 방법을 연구한다. 하지만 여전히 '0'의 상태인 것이다. 방법을 알아내는 것은 지식을 습득한 것이지 습관이 변하기 시작한 것이 아니다. '1'의 상태가 되어야 한다.

　어느 날 노트북을 보면서 무언가 열심히 적고 있는 친구를 봤다. 불러도 대답이 없어서 무엇을 그렇게 열심히 하고 있는지 뒤에서 보니, 운동 식단에 대한 논문까지 다운 받아 읽으면서 공부하고 있었다. 그 친구는 운동을 해서 멋진 몸을 만들겠다고 다짐한 뒤, 운동을 하기 위해서 운동복을 사고 피트니스 센터와 본인에게 적합한 운동 루틴도 알아봤다. 하지만 결국 시작하지 못했다. 일이 너무 바빠졌다는 이유였다.

　어렸을 적 비슷한 경험을 한 기억이 있다. 취업 준비생일 때 주변의 스펙 쌓기 열풍에 뭐라도 해야겠다는 어설픈 목표로 동참했던 적이 있다. 수많은 자격증 중 한국사 자격증을 따기로 했다. 한국사가 여러모로 적용할 수 있는 곳이 많다는 이야기를 들었기 때문이다. 그리고 유명하고 후기가 좋은 강의들을 찾아보기 시작했다. 어떻게 공부를 해야 하는지도 알아봤다. 며칠에 걸쳐 준비했지만 시작을 못했다. 며칠 동안 정보를 찾아내고 차곡차곡 정리를 한 후 '다음 주 월요일부터 시작해야지!'라고 외쳤기 때문이다. 정보를 알아내고 방법을 찾는 것도 중요하다. 하지만 여전히 '0'의 상태임을 알아야 한다.

가장 좋은 시작은 성공 모델을 모방하는 것이다

여러분이 마음속으로 따르고 싶은 롤 모델이 있는가? 우리는 종종 시작하고 행동하기에 앞서 어떤 것을 어떻게 해야 할지 모르겠을 때가 있다. 그리고 선택의 기로 앞에서 어떤 선택을 해야 하는지 갈피를 못 잡을 때가 있다. 이 모든 것을 해결해 줄 수 있는 질문이 있다. '내가 마음속으로 따르고 싶어 하는 롤 모델이라면 과연 어떤 선택을 할 것인가?'를 생각하면 된다. 어떤 행동이라도 고민이 된다면 이 질문이 모든 답을 줄 것이다. 멋진 운동선수가 롤 모델이다. 그리고 운동하는 습관을 형성하는 데 있어 운동을 가야 할지 말아야 할지 고민이 된다. 질문을 해보자. '그 혹은 그녀라면 어떤 선택을 했을까?'라고 말이다.

롤 모델이 없다면 이번 기회에 꼭 한번 만들어보자. 꼭 엄청난 업적을 이룬 사람을 롤 모델로 선택해야 하는 것이 아니다. 본인이 닮고 싶은 사람이면 된다. 저렇게 되고 싶다는 생각이 든 사람이라면 누구든 좋다. 롤 모델이 있다는 것은 성공의 길로 빠르게 인도해 준다. 롤 모델로 선정한 사람들은 각자의 시간 속에서 수많은 시행착오를 겪었을 것이다. 그들의 이야기를 귀 기울여 듣고 또 마음속에 담아라. 이는 요리책을 보면서 요리를 하는 것과 같다. 요리책 없이 생각대로만 요리한다면 원하는 내 시간이 오래 걸릴 수 있다. 반면 요리책을 보면서 만나면 실패의 경우의 수를 줄일 수도 있다.

"만일 오늘이 인생의 마지막 날이라면, 지금 내가 하려는 일을 계속

할 것인가?" 스티브 잡스가 스탠퍼드 대학교 졸업 연설 중 우리에게 던진 메시지다. 스티브 잡스의 메시지는 자신을 믿고 도전하지 못하는 사람들에게 시사하는 바가 크다. 실패해도 괜찮다. 꼭 해보고 싶고 하고 싶은 일이 있으면서 언제까지 생각만 할 것인가. 내가 원하는 방향으로 내 삶을 이끌어가기 위해 지금 당장 내게 꼭 필요한 습관 형성을 시작해야 한다. 과거는 어차피 바꿀 수 없다. 미래의 나를 위해 지금의 시작을 변화의 시발점으로 만들어야 한다.

"끝까지 해보기 전까지는 늘 불가능해 보입니다."

넬슨 만델라(Nelson Mandela)

Part 4

시작을 했으면
계속해서 행동하자

: Act

의지력을 전략적으로 사용해 습관을 형성해야 한다

습관을 성공적으로 형성하는 습관화 단계에서는 의지력을 제대로 이해하고 적극적으로 활용해야 한다. 의지력은 스마트폰의 배터리와 같다. 배터리는 휴대폰을 작동하게 해준다. 하지만 일정 시간이 지나면 배터리 양이 줄어든다. 배터리는 막 충전을 마친 상태가 가장 충만하다. 한정된 의지력을 마구잡이로 사용한다면 금세 지쳐 실패의 공산이 커진다. 의지력을 전략적으로 사용하면 성공적으로 습관화를 시킬 수 있다.

① 의지력은 아침에 가장 충만하다

의지력을 전략적으로 사용하려면 오전 시간을 적극 활용해야 한다. 애플의 CEO 팀 쿡, 스타벅스의 CEO 하워드 슐츠, 디즈니의 CEO 로버트 아이거 등은 모두 평균 새벽 4시 반쯤 일어난다고 한다. 의지력을 이해하면 이들이 왜 이렇게 아침 시간을 적극 활용하려고 하는지 확인할 수 있다. 《왜 나는 항상 결심만 할까?》의 저자 켈리 맥고니걸은 최우선 순위의 일을 하기에 가장 좋은 시간은 기상 후 아침이라고 했다. 이때의 의지력이 가장 높기 때문이다. 즉, 에너지가 가장 충만할 때 업무 이외에 내게 도움이 될 수 있는 일을 하는 것이다. 운동이나 요가를 하고 책을 읽고, 명상을 한다. 또 건강의 골든타임이라고 불리는 아침 시간에 좋은 영양분을 섭취한다.

인간의 뇌는 기상 직후부터 2~3시간 이후에 가장 활발하게 활동한다. 그래서 세계적인 거장들은 가장 중요한 업무들을 오전에 모두 처리한다. 그렇다고 꼭 4시 30분일 필요는 없다. 기억해야 할 것은 '중요한 업무 시작 전 아침 1시간을 어떻게 보내는가'이다. 이 1시간이 하루의 승패를 판가름한다고 해도 과언이 아니다. 이게 세계적인 거장들이 아침 일찍 눈을 뜨는 이유이다. 그들은 억지로 고통스러운 삶을 사는 것이 아니라 주도권을 잃지 않고 원하는 방향으로 삶을 이끌어가고 있다.

반면 출근 시간에 딱 맞춰 허겁지겁 출근한 날이 많다. 오전에 일과를 시작했는데도 멍한 날이 대부분이다. 그렇게 2~3시간 지난 후 점심시간이 다 돼서야 정신이 밝아지는 것을 느낀다. 내부분의 사람들은 하루를 오후부터 시작하고 있다. 그리고 그때부터의 하루는 너무 짧게 느껴진다. 하지만 의지력은 비슷하게 소모되면서 퇴근 이후에는 의지 고갈 상태가 된다. 시간만 계속 가고 아무것도 해낸 게 없는 것 같은 기분이 든다. 그래서 뭐라도 하려고 의지력이 없어도 할 수 있는 TV나 영화, 스마트폰을 보는 것이다.

② 능률을 200% 올려주는 포모도로 기법

일상에서 사용할 수 있는 의지력은 한정적이다. 한정적인 의지력을 무작정 사용한다면 우리는 쉽게 지쳐버리고 말 것이다. 의지력도 전략적으로 사용할 수 있는 방법이 있다. 1980년대 후반 '프렌체스코 시릴로 Francesco Cirillo'가 제안한 시간 관리 방법론 중 하나인 포모도로 기법 Pomodoro Technique이다. 25분 집중과 5분 휴식을 반복하며 시간을 사용하는 방법이다. 포모도로 기법은 그 기능을 인정받아 수많은 기업에서도 받아들여졌다.

　사람이 최대로 집중할 수 있는 시간인 25분 동안 모든 집중력을 동원해 업무를 한다. 이후 5분 동안 휴식하면서 다음 25분을 더욱 집중할 수 있게 하는 방안이다. 포모도로를 실제로 적용해 보니 효과는 대단했다. 25분이라는 짧은 시간에 최대의 집중력을 발휘하게 해줬다. 하지만 포모도로의 강력한 이점은 25분의 짧은 집중력이 아니다. 5분의 휴식 시간이다. 시간이 지날수록 집중력의 질은 계속해서 저하된다. 하지만 잠깐 5분의 휴식이 의지력을 다시 채워줘 집중력의 질을 향상시킨다.

포모도로 기법을 일상에서 적용하기 어려운 사람들이 있을 수 있다. 하지만 개인적인 업무나 창의적인 활동을 해야 할 때 꼭 기억하고 실천으로 옮겨보길 바란다.

1. 할 일의 주제를 선정한다.

2. 타이머를 25분으로 설정한다.

3. 25분의 알람이 울릴 때까지 오직 해야 할 일만 진행한다.

4. 알람이 울리면 하던 걸 그대로 내려놓고 5분 동안 눈을 감고 있는다.

5. 5분이 지나면 다시 25분 동안의 전력 질주를 시작한다.

처리해야 할 업무가 많을 때 오히려 이 기법은 비효율적이라고 생각될 수 있다. 하지만 휴식의 시간이 없이 계속해서 달리기만 한다고 생각해 보자. 앞으로 나아갈 수는 있지만 업무의 질은 계속 떨어졌던 경험이 있을 것이다. 25분이 너무 짧다면 5~10분을 늘려서 시도하는 것도 괜찮다. 이 방법의 요점은 '5분의 휴식'이다. '세상을 바꾸는 시간 15분', 'TED' 같은 유명 강연 프로그램은 대체적으로 20분을 넘지 않는다. 왜일까? 몰입도를 높이기 위해서다.

③ 파워냅, 당 섭취 및 가벼운 리프레시

사람의 의지력은 기상 직후 2~3시간 이후가 정점이다. 정점까지 올라간 의지력은 시간의 흐름에 따라 저하되기 시작한다. 의지력을 전략적으로 사용할 수 있는 방법 중 하나가 바로 '파워냅'이다. 파워냅의 요점 또한 포모도로와 같은 '휴식'이다. 파워냅은 10~20분 정도 가수면을 하는 것이다. 낮잠이 될 수도 있다. 시간이 여의치 않다면 점심 식사 이후 파워냅 방법을 써보자.

우리는 휴식의 중요성을 간과한 채 쉼 없이 달리려고만 한다. 무작정 달려서는 안 된다. 실제로 휴식이 필요할 때 제대로 쉬지 않으면 에너지가 고갈된다. 당이 떨어지면서 집중력이 저하되고 자연스럽게 능률이 줄어든다. 이때는 잠깐의 휴식과 함께 초콜릿, 과일 등의 당을 섭취해 주면 에너지를 회복할 수 있다. 마찬가지로 과로나 스트레스로 인해 병원에서 포도당 수액을 맞고 일어나면 굉장히 개운하다.

가벼운 기분전환을 하는 것도 좋다. 집중력이 떨어진 것 같으면 의도적으로 가벼운 스트레칭을 하거나 상쾌한 공기를 마실 수 있는 곳에 가서 짧은 산책을 하자. 머리가 훨씬 맑아져서 다시 업무나 프로젝트를 수월하게 진행할 수 있게 된다. 가끔 기지개만 펴주어도 정신이 맑아지고, 의지력을 회복해 더 좋은 성과를 낼 수 있다.

많은 사람들이 중요한 프로젝트나 일을 할 때 강한 의지를 가지고 더 밀고 나가려고 한다. 의지력이 떨어졌지만 계속 정면으로 맞서려고 한다. 의지력이 떨어져 고갈된 상태에서 초인적인 힘을 내 무언가를 할 수는 있다. 하지만 다음날 의지력이 충만한 상태에서 처리한 일들을 보면 빈틈투성이다. 의지력은 배터리와 같아 방전이 될 수밖에 없다. 의식적으로 휴식을 취해 의지력을 전략적으로 사용해야 한다. 어차피 만들어야 할 결과물이라면 잘 만들어야 하지 않겠는가?

의지력을 강화시켜 습관으로 만들어내자

가끔 대단하다고 느껴지는 사람들과 나를 비교하면서 스스로를 자책했던 경험이 있다. 왜 저들은 의지가 저렇게 대단한데 나는 의지가 없는 것일까? 그게 아니었다. 다만 의지력의 용량이 아직 조금 적을 뿐이다. 의지가 강하다고 하는 것은 수많은 반복을 통해 배터리의 용량이 커졌다는 것을 의미한다. 배터리의 크기가 클수록 오랫동안 의지력을 발휘해 자신을 통제할 수 있게 되는 것이다. 무의식적인 선택과 행동 '습관화'에 가까워진 것이다.

의지가 강해 보이는 사람들도 처음부터 의지가 강했던 것은 아니다. 점차 늘려간 것이다. 의지력은 근육과 비슷하다. 근 성장은 절대 하루아침에 일어나지 않는다. 꾸준한 반복 트레이닝과 휴식을 통해서 섬신적으로 일어난다. 의지력도 이와 같다. 꾸준하게 반복해서 습관화를 하다 보면 의지력의 크기가 점차 늘어나 많은 일들을 해낼 수 있게 된다.

새로운 습관을 형성하기 위해 비범한 의지력을 발휘해야 하는 것이 아니다. 그저 꾸준히 반복하다 보면 의지력의 용량이 커져있을 것이다.

의지력을 전략적으로 사용하면서 꾸준히 단련시켜야 한다. 의지력은 성공적인 습관을 형성하는 데 필수적이다. 내게 필요한 습관을 형성하려면 꾸준한 반복을 해야 한다. 하지만 의지력이 없다면 꾸준한 반복을 할 수가 없다. 앞서 의지력을 전략적으로 사용하기 위해서 〈PART 2. 시작하고 행동하는 단계〉에서 'STEP UP' 전략을 사용한 이유가 여기에 있다. 의지력의 용량이 한정적인데 과하게 도전하면 의지력이 빠르게 고갈되기 때문이다. 의지력을 제대로 활용해 습관을 형성하자. 그렇다면 내게 필요한 습관 형성에 박차를 가할 수 있을 것이다.

의지력 회복의 키워드
"양질의 휴식"

　　습관은 꾸준한 반복에 의해서 형성된다. 꾸준한 반복은 의지력이 없으면 불가능하다. 앞서 의지력을 전략적으로 사용할 수 있는 방법들에 대해서 알아봤다. 전략적으로 사용하지 않는다면 쉽게 고갈되기 때문이다. 이번 장에서는 의지력을 효율적으로 회복시키는 방법을 알아보려고 한다. 의지력 회복의 키워드는 휴식이다. 습관을 형성하는 것은 단거리 달리기가 아니라 마라톤에 가깝다. 멈추지 않고 계속 달린다면 목적지에 도착할 수 없다. 양질의 휴식을 통해 우리는 목적지에 도달해야 한다.

생산적인 활동에 휴식은 필수적이다

창의적인 프로젝트나 복잡한 업무들을 다루다 보면 어느새 영감이 더 이상 떠오르지 않는 시기가 찾아온다. 하지만 우리는 멈추지 못하고 계속해서 생각해 내려고 안간힘을 쓴다. 그러다 찾아오는 것이 슬럼프다. 슬럼프는 누구나 겪을 수 있다. 보통 슬럼프는 생산적인 활동 중 적절한 휴식과 환기가 부족해서 발생한다. 슬럼프는 업무뿐만이 아니라 모든 활동에 악영향을 미치기도 한다. 따라서 무작정 달리기보다 때에 맞는 휴식을 취해 슬럼프를 잘 극복해야 한다. 물론 생활의 균형을 적절히 맞추어 슬럼프가 오지 않게 한다면 더 좋을 것이다.

수많은 연구를 통해 최상의 아이디어는 책상 앞에 앉아있는 동안 떠오르지 않는다는 사실이 확인됐다. 세계적인 디자이너 폴 스미스Paul Smith의 한국 강연을 참석했다. 강연을 통해 그의 영감이 어디서 왔는지 알 수 있었다. 그는 사진기를 들고 다니면서 흥미로운 물체들을 사진에 담는다. 그리고 그 물체의 형태와 색감으로부터 영감을 얻는다고 한다. 우리도 프로젝트를 진행하거나 창의적인 일을 할 때 아무리 고민해도 떠오르지 않던 것이 어느 순간 갑자기 떠올랐던 경험이 있을 것이다.

인간은 스트레스를 주는 환경과 회복을 위한 환경을 필요로 하도록 진화했다. 두 가지 환경이 적절하게 발생할 때 최대로 몰입할 수 있게 된다. 그 균형이 깨진다면 어느 하나도 제대로 할 수 없을 것이다. 잠을 하루 종일 잤는데 피로가 풀리지 않는다. 하룻밤을 지새우고 일을 했는

데 결과가 좋지 않다. 균형이 깨져버렸기 때문이다. 여기서 말하는 휴식은 스마트폰을 보거나 무작정 잠을 자는 것이 아니다. 정기적으로 일상을 벗어나 보는 것이다. 반복되는 일상에서 빠져나와 휴식의 시간을 가져야 한다.

요즘 나의 가장 큰 취미는 캠핑과 운동이다. 평일에는 바쁜 하루를 보내고 무슨 일이 있어도 저녁에 운동을 가려고 한다. 이는 하나의 휴식 루틴이다. 하루 종일 몰두해서 생각하는 것을 멈추고, 다른 장소에서 휴식을 취해 생산성과 활력을 되찾게 된다. 주말에는 캠핑을 다니며 쫓기는 일상에서 벗어나 조용한 곳에서 여유와 휴식을 즐기려고 노력한다. 또 함께하는 사람들과 이런저런 이야기를 나누다 보면 가장 큰 힐링이 되는 것을 느낄 수 있다. 모두가 각자만의 휴식 방법이 있다. 자신만의 휴식 방법을 찾기 위해 일 이외에 여러 가지 활동을 직접 경험해 보는 것을 추천하고 싶다.

생산적인 활동을 하는 데 있어 지속적으로 휴식을 하지 않으면 변수가 계속 발생한다. 업무상의 문제가 될 수 있고 건강상의 문제가 될 수도 있다. 이 균열이 시작된다면 점차 커져 슬럼프에 빠지게 될 수밖에 없다. 무슨 일이든 최고가 되려면 생산적인 활동과 그에 맞는 휴식이 꼭 필요하다. 세계적인 거장들이 아침에 일찍 일어나 명상이나 요가를 하면서 시간을 보내는 이유도 여기에 있다. 명상이나 요가는 의식적으로 우리 마음을 리셋해 주기 때문이다.

지금 우리에게는 양질의 수면이 필요하다

'잠이 보약이다'라는 말을 들어본 적 있을 것이다. 잠은 만병통치약과 같아서 많은 문제들을 해결해 준다는 말이다. 잠을 잘 자게 되면 신체적, 정신적인 활력을 재충전시켜 준다. 잠을 자고 나면 의지력이 충만해져 중요하거나 창의적인 일들을 해결할 수 있게 해준다. 하지만 잠을 제대로 못 잔다면 삶의 질이 급격하게 저하되고 건강 문제까지 야기한다. 면역력이 악화되고 스트레스 지수가 급증한다. 또 뇌의 활동이 떨어져 집중력이 저하되고 각종 질병에 쉽게 노출된다. 수면은 생각하는 대로 삶을 이끌어가는 데 필수적이다.

대부분이 수면의 중요성을 알면서도 외면하는 경우가 많다. 현대인들이 잠에 들기 전 가장 많이 하는 행동이 어두운 불빛 아래서 스마트폰을 보는 것이다. 일부는 알코올을 섭취하거나 오랫동안 TV를 시청하고 잠자리에 들기도 한다. 이러한 사소한 습관 때문에 많은 현대인이 불면증에 시달리고 있다. 불면증의 악영향은 다음날까지 이어진다. 신체 리듬이 깨지고 다음날 피곤함에 시달리면서 자연스럽게 일상에 악영향을 주게 된다. 이런 생활 패턴이 반복되면 건강뿐만 아니라 일상 전반에서 많은 문제를 일으키게 된다.

양질의 수면을 유지하려면 수면의 주기를 알아야 한다. 수면은 얕은 수면인 렘수면REM-Rapid Eye Movement sleep과 깊은 수면인 논렘 수면Non-REM sleep으로 구성되어 있다. 잠자는 동안에 이 두 가지 수면이 90분의 주기를 가지고 4~6번 번갈아 나타난다. 비슷한 시간에 일어나도 어떤 날은 피곤하고 어떤 날은 개운한 날이 있다. 이유는 얕은 수면인 렘수면일 때 잠에서 깨면 개운하기 때문이다. 논렘 수면일 때 깼다면 일어나기도 힘들고 몸이 뻐근하다. 그래서 90분 주기에 맞춰 렘수면일 때 일어나면 좋다. 주기에 맞춰 4시간 30분, 6시간, 7시간 30분, 9시간 가운데 본인에게 알맞은 수면 시간을 찾아본다면 양질의 수면을 취할 수 있게 된다.

　양질의 수면을 취하기 위해서 명심해야 할 게 있다. 잠들기 4~6시간 전에는 카페인을 섭취하지 않는 것이다. 따뜻한 물을 마셔 안정을 취해주면 좋다. 또 잠들기 2시간 전에는 과식을 하지 않아야 한다. 가장 중요한 건 잠들기 최소 1시간 전에는 스마트폰이나 TV 등의 전자기기를 사용하지 않아야 한다는 것이다. 어두운 곳에서 전자기기를 보게 되면 시력이 감퇴될 뿐 아니라 불면증을 유발하기 때문이다. 수면은 우리네 삶에서 가장 중요한 역할을 한다. 양질의 수면을 통해서 각자의 삶을 생각한 대로 이끌어갈 수 있어야 한다.

낮잠은 하루를 200% 살아갈 수 있는 역량을 만들어준다

시에스타 siesta 는 지중해 연안 국가와 라틴아메리카의 낮잠 풍습을 말한다. 이 풍습은 한낮에는 무더위 때문에 능률이 떨어지니 낮잠으로 원기를 회복해 저녁까지 일을 하자는 취지에서 시작되었다가, 업무 효율성을 높이기 위해 폐지되었다. 이후 과학적 연구를 통해 30분 정도의 짧은 낮잠은 원기를 회복하고 지적, 정신적 능력을 향상시키는 효과가 있음이 밝혀졌다.

메이슨 커리 Mason Currey 의 저서 《리추얼》에서는 이와 같이 낮잠의 중요성을 언급했다. 대다수의 천재가 낮잠을 잤다고 한다. 아인슈타인 Albert Einstein, 다윈Charles Darwin, 마티스Henri Matisse, 프랭크 로이드 라이트 Frank Lloyd Wright, 리스트Franz Liszt도 낮잠을 잤다. 아무래도 머리를 많이 쓰는 일, 창조적인 일과 낮잠은 떼려야 뗄 수 없는 관계인 듯하다. 영국의 전 수상 윈스턴 처칠Winston Churchill과 35대 미국 대통령 존. F. 케네디John F. Kennedy처럼 바쁜 정무에 종사했던 사람들도 낮잠을 적극적으로 이용했다는 이야기는 널리 알려져 있다. 또 NASA, 구글, 나이키 등은 '낮잠 자는 방'을 준비해서 20분 정도의 짧은 낮잠을 장려하고 있다고 한다.

NASA의 연구 발표에 따르면 약 20분의 낮잠을 자면 인지능력이 34% 향상된다고 발표했다. 또 한 연구 결과에 따르면 낮잠을 자면 낮잠을 자지 않았을 때에 비해 업무 효율을 60% 이상 높일 수 있다고 한다. 미시간 대학교의 인지심리학 연구에서도 낮잠을 통해 우리의 의지력이 회복된다는 사실을 알아냈다. 우리의 의지력은 점심 때쯤부터 저하되기 시작한다. 이때 낮잠을 자면 의지력을 회복시켜 오후에도 집중력을 요하는 일들을 처리할 수 있다. 실제로 잠깐의 낮잠이지만 하루를

200%로 보낼 수 있게 도움을 주는 것이다.

군 복무를 하던 시절에 낮잠을 적극 활용했다. 매일 오전에 힘든 훈련을 받은 뒤 점심을 먹고 나른해진 상태에서 오후 일과를 도저히 보낼 수 없을 것 같은 기분이 든다. 하지만 점심시간을 이용해 낮잠을 자고 일어나면 신기하게 피로감이 없어졌다. 하지만 낮잠을 자지 않은 날에는 훈련 도중 꾸벅꾸벅 졸기도 하고 오히려 효율이 떨어짐을 느꼈다. 이때부터 낮잠의 중요성을 알고 점심시간이면 잠을 꼭 자지 않더라도 눈을 감고 쉬는 버릇이 생겼다. 이는 지금까지도 습관이 되어 일상에 활력을 불어넣어 주고 있다.

낮잠은 우리에게 많은 유익을 준다. 하지만 가장 중요한 건 올바른 휴식을 취해야 한다는 점이다. 낮잠을 자겠다고 자리를 잡았는데 잠에 들지 않는다고 도중에 스마트폰을 봐서는 안 된다. 온전히 잠에만 집중해야 한다. 가장 편안한 자세로 눈만 감고 있어도 괜찮다. 이 짧은 시간의 휴식은 우리의 의지력을 회복시켜 줄 것이다. 양질의 휴식을 전략적으로 사용하여 성공적으로 습관을 형성하자.

습관을 유지하고 발전시키기 위해서
동기부여를 잘 활용해야 한다

앞서 습관을 시작하는 단계에서 습관 형성에 실패할 수밖에 없었던 이유를 살펴봤다. 그중 동기부여라는 순간의 감정에 속아서 그동안 실패했었다는 것을 이제는 알고 있다. 그러나 성공적으로 습관을 형성하는 데 있어서 동기력과 의지력은 필수적이다. 시작하는 단계에서 동기부여는 순간의 감정이라 맹신해서는 안 된다고 했다. 하지만 습관을 유지하고 발전시키는 단계에서는 이야기가 다르다. 이 단계에서 적절히 사용한다면 그 잠재력을 100% 활용할 수 있게 된다.

동기부여의 새로운 관점

동기부여란 어떤 대상을 자극하여 의도하는 목표로 향하게 하는 힘이다. 즉 행동을 하도록 유도하는 것이다. 수많은 동기부여 영상, 명언, 강의들을 보면 숨어있던 내 안의 무언가가 꿈틀거리는 느낌을 받는다. 자극을 받는 것이다. 이를 통해 우리는 행동을 하게 되고 이 행동은 결과를 가져온다. 앞서 시작 단계에서 사용하기에는 적절치 않다. 순간적인 동기부여는 일시적인 자극을 만들어내고 무언가를 하겠다는 의지를 만들어내지만, 순간적으로 타오르는 불꽃은 쉽게 꺼질 수밖에 없기 때문이다. 습관을 유지하고 발전시키는 단계에서는 동기부여를 새로운 관점으로 바라볼 수 있어야 한다.

동기부여는 여러 조직이나 개인에게서 다양하게 사용된다. 동기부여의 명목으로 회사라는 조직에서 사용되는 방법이 바로 보너스이다. 또 스포츠 조직에서도 사용된다. 1등이라는 목표를 주고 동기를 부여한다. 개인에게는 여행이 동기부여로 작용하기도 한다. 힘든 일을 하는 이유가 여행을 가기 위해서라고 말한다. 아이들은 부모님의 칭찬이 동기로 작용해 뭔가를 더 열심히 하게 된다. 이들에게 보이는 동기부여 역할의 공통점이 무엇일까? 앞선 행동을 더욱 발전시켜 주는 연료 역할을 한다는 것이다.

동기부여는 제대로 사용하면 약이지만 잘못 사용하면 독이 된다. 진짜 동기력은 뭔가 시작한 후에야 생긴다. 동기는 이미 달성한 일에 대한 지부 십이지 이미 하고 있던 일을 더 질하게 만드는 힘이나. 동기력은 일종의 보상과 같다. 노력을 통해 무언가 달성한 일들을 생각해 보자. 뿌듯한 기분을 느낌과 동시에 새로운 도전이 하고 싶어진다. 달성한 일이

클수록 동기부여가 크게 된다. 이번에는 더 잘해낼 수 있을 것 같은 기분이 든다. 자신감이 생기고 더 적극적이게 된다.

의지력이 강해 보이는 주변 사람들을 보자. 그들은 어려운 일들을 계속해서 해나간다. 이들은 의지력이 유별나게 강한 것이 아니라 어쩌면 동기력에 중독된 것일 수 있다. 또 그동안 미뤄왔던 일을 더 이상 미룰 수 없어 겨우 시작했던 적이 있을 것이다. 그리고 하다 보면 생각보다 쉽다는 것을 느낀다. 생각보다 어렵지 않음을 느낀다. 집안일에서도 종종 그런 경우를 찾아볼 수 있다. 처음에는 청소도 하고 빨래도 해야 한다는 생각에 부담감이 든다. 미루고 미루다 일단 시작을 한다. 그러면 어느새 계획하지 않았던 곳까지 청소를 하고 있는 자신을 발견할 것이다. 시작을 함으로써 계속할 동기를 부여받은 것이다. 진짜 동기부여는 행동 뒤에 나온다.

작은 성공을 반복하라!

—

동기력은 작은 도전과 성공들을 더 큰 도전과 성공으로 연결시켜 주는 연료 역할을 한다. 그래서 STEP UP 전략이 습관을 형성하는 데 큰 도움을 줄 수 있다. 아침 운동 습관을 형성하기 위해 'STEP 1. 일어나서 3분 스트레칭'을 했다. 피곤했는데 잠이 깨고 더 할 수 있을 것 같다. 'STEP 2. 스쿼트 10개, 플랭크 1분'을 했는데 아직 여유가 있다. 'STEP

3. 스쿼트 30개, 플랭크 1분'을 더 한다. 오늘은 피곤해서 못 해낼 거라고 생각했는데 막상 시작하니까 STEP 3까지 완수하게 되었다. 행동을 하니까 동기부여가 된 것이다.

아무리 사소하고 작은 일이라도 내가 해야 할 일을 해낸 순간 동기부여를 받아 다음 행동을 이뤄낼 수 있다. 스스로 만들어낸 성취는 더 강하게 작용한다. 목표가 작건 크건 그저 지금 당장 해야 할 일을 하면 된다. STEP UP 전략처럼 해야 할 일을 쪼개고 계속 성취해 나가자. 비웃음이 날 정도로 작게 쪼개자. 그리고 하나씩 계속 성취해 나가자. 그럼 마음속에서 동기부여가 계속 작용하고 어느덧 눈덩이처럼 불어있을 것이다. 무조건 이기는 게임이라고 생각해도 좋다. 어떤 일이든지 성취해 동기부여라는 보상을 받는 것만 생각하자.

군대 체력 측정 종목 중 하나가 10km 달리기였다. 성과제로 특급을 받으려면 42분 안에 들어와야 한다. 나는 그렇게 긴 거리를 뛰어본 적이 없었다. 하지만 특급을 받을 수 있었던 이유가 있었다. 10km 코스를 생각하지 않았다. 바로 내 앞에 뛰고 있는 사람만 생각했다. 앞에 뛰고 있는 사람만 따라잡는다고 생각하니 생각보다 더 쉬워졌다. 그렇게 하다 보니 목표했던 42분 안에 들어올 수 있었다. 이후 연습 삼아 혼자 뛰어보니 완주하는 데 50분이 넘게 걸렸다.

삶 속의 모든 부분에 이 STEP UP 전략을 적용하면 매일 이기는 게임을 할 수 있다. 일의 크기는 중요하지 않다. 크고 어려운 일이라면 더 작게 쪼개면 그만이다. 쪼개면 쪼갤수록 질 수가 없는 게임이 되는 것이다. 이렇게 작은 성공을 반복하면 큰 성공을 만들어낼 수 있다. 매일 1%의 작은 습관은 1년이면 38배의 성장을 가져온다. 매일 1%씩 성취하고 동기부여를 받는다면 사실 못 해낼 일은 없다. 시작은 의지력을 이용해 작은 성취를 하면 된다. 그리고 작은 성취를 계속 이뤄내면서 삶의 영역을 성공적으로 넓혀보자.

한번 멈춰 서서 돌아봐야 한다

목표를 향해 나아가다가도 한번 멈춰 서서 뒤돌아보는 습관을 만들어야 한다. 계속 앞으로 나아가기만 하다 보면 어느새 방향이 조금 뒤틀려 있을 수도 있다. 한번 틀어진 삶이 계속 틀어진다면 다시 돌아오는 길이 힘들 수 있다. 또 뒤돌아봤을 때 생각했던 것보다 꽤나 멀리 와있음을 알 수도 있다. 멈출 수 있다는 것은 새로운 시발점을 만들어낸다는 것이다. 멈춤으로써 동기를 부여받아 더 나아갈 수도 있다. 한번 멈춰서 자기평가를 하는 시간이 필요하다.

사실 대부분의 사람들이 각자의 삶에 이끌려 다니며 살고 있다. 강제로 경쟁을 해야 하고 무언가를 달성하기 위해 치열하게 노력해야 한다. 치열한 삶이 문제가 아니다. 치열한 삶 속에 자리 잡을 수 있는 안 좋은 습관들이 문제다. 우리가 눈치채지 못한 사이에 삶 속에 나쁜 루틴이 자리 잡았을 수 있다. 루틴의 가장 큰 장점이자 단점은 바로 쉽게 인지하지 못한다는 점이다. 인지하지 못한 습관들은 스스로가 안 좋은 습관이라고 인지할 때까지 계속 반복된다. 한번 멈춤으로써 이를 돌아볼 수 있는 시간이 필요하다.

사람은 여러 상황과 일들을 통해 동기부여를 받을 수 있다. 가장 좋은 순간 중의 하나가 바로 멈췄을 때이다. 바쁜 사회를 살아가는 동안 일이나 일상에서 잠깐 벗어날 기회를 쉽게 잡지 못한다. 하지만 의도적으로 한 번 멈춘다면 내가 앞으로 해야 할 일에 대한 동기부여를 받게 된다. 지금 당장 내가 해야 할 일이 떠오른다.

사람이 가장 성장하는 때가 언제일까? 어떤 도전에 있어서 성공했을 때? 물론 그럴 수 있다. 하지만 실패했을 때도 성장은 한다. 우리가 성장하는 때는 성공과 실패를 떠나 목표에 도달했을 때이다. 우리는 멈춰서서 우리의 관점을 계속 조정하고 올바른 방향으로 가고 있는지 점검해야 한다. 진짜 하고 싶은 일이었는지, 앞으로도 계속 하고 싶은 일인지. 목표에 성공적으로 도달하지 못했다면 성공할 수 있게, 성공적으로 도달했다면 더 큰 성공으로 도달할 수 있게 동기를 부여해 주면 된다. 우리는 이미 행동하고 있기 때문에 얼마든지 새로운 시발점을 만들어 낼 수 있다.

습관을 유지하고 발전시키는 데 있어 도파민을 100% 활용해야 한다

앞에서 우리는 도파민 호르몬에 대해 가볍게 살펴봤다. 우리는 모두 각자의 행복에 '중독'되어 있다. 무언가를 갈망하고 선택하고 싶게 만드는 기분을 촉진시키는 천연 물질 중 하나가 바로 도파민이다. 도파민이 분비되면서 기분을 좋게 해주고 행복하다는 감정을 느끼게 해준다. 그래서 각자가 행복하다는 감정을 느낄 수 있는 행동을 반복해서 선택한다. 이 반복 선택은 어느새 무의식의 습관으로 자리 잡는다. 도파민을 제대로 이해한다면, 이 행복한 반복 선택을 내게 필요한 반복 선택으로 만들어낼 수 있다. 도파민을 역이용하면 습관을 유지하고 발전시키는 데 큰 도움이 될 수 있는 것이다.

도파민을 역이용하자

우리 몸속에는 '행복의 사중주'라고 불리는 네 가지 천연 화학 물질이 있다. 도파민, 엔도르핀, 세로토닌, 옥시토신이다. 사람들은 모두 다른 성격과 성향을 지니고 있다. 행복에도 마찬가지다. 행복은 주관적 감정이기 때문에 사람마다 행복을 느끼는 지점이 다르다. 그래서 각자의 습관이나 선택이 다르다. 우리는 각자의 행복을 기반으로 하여 선택하고 행동한다. 커피와 과일 주스가 있다. 어떤 사람은 커피를 선택하고 어떤 사람은 과일 주스를 선택한다. 각자의 행복했던 기억과 감정이 다르기 때문이다.

기존의 우리가 가지고 있는 기억과 감정은 쉽게 조작할 수 없다. 과거의 기억을 바꾼다는 것은 굉장히 힘들고 고통스러운 일이다. 하지만 새로운 기억과 감정은 그렇지 않다. 새로운 기억과 감정은 조작이 가능하다. 바로 의도적인 보상을 만들어주는 것이다. 우리에게 필요한 작은 습관들의 선택이 좋은 기억과 감정을 느끼게 만드는 것이다. 나중에는 의식하지 않아도 우리에게 필요한 습관을 자동적으로 선택하고 행동하게 만들 수 있다. 가장 좋은 보상은 바로 성취감이다.

자극적인 음식을 먹는 식습관으로 위염이 발생해 브로콜리와 양배추를 즙으로 먹는 습관을 형성하려고 한다. 하지만 맛이 없다. 이럴 때 매번 마실 때마다 이렇게 스스로 모든 성취감을 만들어 느껴보자. "오늘도 이렇게 조금씩 나아지고 있어", "계속 먹다 보니 확실히 좋아지는 것 같아" 등 성취감을 느껴보자. 즙을 마시면서 맛으로 보상을 받는 대신 행동의 보상을 스스로 만들어주는 것이다. 그러다 보면 어느새 습관으로 자리 잡는다. 예전이었다면 곧장 자극적인 음식을 먹었을 것이지만, 자극적인 음식과 건강한 음식 앞에서 고민을 한번 하게 된다. 내게 필요한 습관의 도파민의 크기가 커져가면서 새로운 선택의 항목이 생긴 것이다. 이렇게 작은 습관을 실행하고 스스로에게 보상을 주다 보면 도파민은 성취감이라는 먹이를 먹고 내게 필요한 방향으로 자라나게 된다. 과거에 강하게 형성된 기억과 감정은 지울 수 없다. 하지만 이렇게 새로운 기억과 감정으로 덮을 수 있다.

처음 운동을 시작할 때부터 극적인 변화를 통해 보상을 받을 순 없다. 하지만 성취감이라는 보상을 통해 계속 도파민을 형성시켜 보자. 성취감은 계속할 수 있게 해준다. 운동을 하루 아무리 열심히 해도 변화가 없다. 아침에 사과를 한번 먹었다고 바로 건강해질 순 없다. 하지만 이렇게 도파민을 역이용하여 장기적으로 반복하면 원하는 목표가 무엇이든 달성할 수 있다.

도파민과 운동의 상관관계

―

어떤 종류든 운동을 하면 건강에 좋다는 것을 알고 있다. 일단 신체적 활동을 유지해 질병을 예방하게 한다. 또한 운동은 신체적 건강 증진

이상으로 우리의 삶에 큰 영향을 미친다는 연구 결과도 많다. 운동은 중독성의 물질처럼 도파민을 분비한다. 그래서 종종 운동에 중독된 사람들을 주변에서 쉽게 찾아볼 수 있다. 운동이 본업이 아닌데도 운동을 계속 꾸준히 한다. 도파민 중독에 의한 선택이다.

2002년 뉴멕시코 주립 대학교의 한 연구진이 운동하는 사람 266명을 대상으로 사람들이 운동하는 이유에 대해서 연구했다. 대다수가 시작은 스트레스를 풀기 위해서나 시간이 생겨서 등 우연의 계기로 시작했다고 답했다. 강한 의지나 열망이 없이 시작한 운동이 어떻게 그들에게 습관으로 자리 잡았을까? 한 그룹에서는 92%가 운동을 하고 나면 기분이 좋아지기 때문에 습관적으로 운동한다고 했다. 운동을 하고 난 순간에 도파민이 분비되기 때문이다.

또 다른 그룹에서는 67%가 운동 후에 성취감을 느낀다고 대답했다. 다시 말하면 자신이 이뤄낸 성취를 통해 도파민이 분비되는 것이다. 운동 습관으로 발전시키는 데는 이런 자기 보상으로도 충분했다는 뜻이다. 두 그룹 모두 운동 자체의 보상을 느끼는 게 아니고 운동을 하고 난 이후의 상황에 대해서 도파민의 선택을 받게 된 것이다. 운동을 하게 되면 스트레스를 줄여주고 자신감을 상승시켜 준다. 또 숙면에도 도움을 준다는 연구 결과를 쉽게 찾아볼 수 있다. 운동 습관을 통해 얻는 이점들이 보상으로 작용하면서 이들이 운동을 그만두지 못하게 되는 것이다.

이것 이외에도 운동은 행복의 사중주 중 하나인 '엔도르핀'과 밀접한 연관이 있다. 격렬한 운동 후에 엔도르핀의 효과를 느낄 수 있다. 운동 후에는 유쾌함뿐만 아니라 묘한 행복감을 느끼는 경우가 많다. 해냈다는 만족감과 희열감도 느낄 수 있게 해준다. 운동하는 습관을 유지하다 보니 엔도르핀까지 분비되면서 운동 중독에 빠지게 된다. 운동이 주는 여러 이점들과 성취감, 자신감 그리고 엔도르핀 분비까지 다양한 시너지를 줄 수 있는 것이다.

운동을 꾸준히 하는 사람들도 운동하는 순간에는 힘들고 고통스럽다. 다만 운동이 끝났을 때의 상황에 대해서 만족감과 보상을 얻기 때문에 하는 것이다. 우리는 여기서 도파민을 역이용할 수 있다. 운동도 처음부터 운동량이나 스킬이 중요치 않다. 작게 시작부터 해보자. 매일같이 1%의 성장을 목표로 성취감이라는 보상을 통해 도파민을 분비해 운동을 습관화시킬 수 있다.

중독도 이해하면 이겨낼 수 있다

중독을 이야기하기에 앞서 인스턴트 도파민에 대해서 알아보자. 도파민이라는 분비물은 즐거움과 기쁨을 느끼게 하는 뇌의 신경전달물질이다. 이는 운동같이 내게 도움이 되는 선택을 하는 데에 도움을 주기도 한다. 하지만 요즘은 많은 사람들이 인스턴트 도파민에 빠져 심하게는 중독되어 있다. 중독도 하나의 감정과 기분에 의한 선택이다. 중독의 작은 시작이 바로 인스턴트 도파민인 것이다.

인스턴트 도파민은 우리에게 도파민과 같은 즐거움과 기쁨을 느끼게 해준다. 이들의 차이는 인스턴트 도파민은 순간적으로 도파민을 증가시키고 분비시킨다는 것이다. 대개 운동이나 건강한 식습관, 책을 읽고 공부하는 등의 행동은 도파민을 불러일으킬 수 있다. 하지만 그 보상의 획득 시간이 오래 걸린다. 일반적으로 인스턴트 도파민은 행동 즉시 결과를 느낄 수 있는 것들이 대부분이다. 자극적인 음식들은 먹는 즉시 기분이 좋아지고 만족감을 얻는다. 직장에서도 일하다가 어려움이 생기면 스마트폰부터 만지게 된다. 어려운 일을 해결했을 때의 보상이 휴대폰을 한 번 만지는 보상보다 훨씬 클 것이다. 하지만 어려움에 직면했을 때는 일을 해결하기보다 휴대폰을 만지게 된다.

이런 즉각적인 보상 또한 도파민을 분비시키며 만족스러운 기분이 들게 한다. 하지만 도파민은 코카인 및 다른 유해 약물을 복용할 때도 크게 활성화된다. 즉 일시적인 감정에 만족감을 느끼고 계속해서 그 감정을 느끼게 된다는 것이다. 이에 대응할 수 있는 좋은 방법이 있다. 첫째, 중독도 일종의 기억과 감정에 불과하다는 것을 인지한다. 두 번째, 행동의 신호가 왔을 때 즉시 행동을 하지 않고 10분만 기다린다. 10분 동안 많은 생각이 들 것이다. 그리고 10분 뒤에도 격렬하게 하고 싶다면 하자. 실패했다고 해서 끝이 아니다. 중요한 긴 10분의 시간을 계속해서 이용해 보는 것이다.

앞서 '내 아이의 습관이 되어도 좋은가?'라는 질문에 아니라고 답했으면 중독의 흐름을 끊어보자. 장기적인 보상들을 위해 도파민을 역이용해 보자. 중독은 나쁜 습관보다 조금 더 단기적인 보상을 원하는 감정일 뿐이다. 중독의 만족감을 대체할 수 있는 만족감을 만들어보자. 중독과 정면 대결을 한다면 결과는 뻔하다. 중독의 승리다. 중독을 강제적으로 멈추려 하지 말고 관점을 옮겨 대체할 수 있는 기쁨을 찾아보자. 술을 끊고 싶다면 술 대신 녹차나 음료를 마시면서 스스로에게 기쁨을 안겨주자. 관점을 1인치만 옮기면 된다.

삶을 자신만의
페이스로 맞추자

치열하게 삶을 살아가다 보면 주변에 이해가
되지 않는 사람들이 가끔 보인다. 스스로 고생을 사서 하는 사람들이
다. 아침에 피곤한 몸을 이끌고 일어나 수많은 인파 속에서 일터로 향
한다. 아침에 일어나서 저녁까지 해야 할 일들로 꽉 차있다. 수많은 사
람들 사이에서 이리저리 치이며 하루를 보내고 나면 저녁에는 녹초가
되고 만다. 더 이상 뭔가를 할 수 있는 힘이 없는 것 같다. 그들도 나와
별반 다르지 않을 것 같은데, 그들은 계속해서 나보다 많은 것들을 해
낸다. 그들은 자신의 페이스에 삶을 맞춰 살아가고 있는 것이다.

고생을 사서 하는 사람들의 비밀

우리 주변에 보면 고생을 사서 하는 사람들이 많다. 운동이 업이 아닌데도 운동을 하고 바디프로필에 도전하는 사람들도 있다. 또 밤만 되면 밖으로 나가 달리기를 한다. 주말이면 굳이 힘든 등산이나 캠핑을 다니며 고생을 사서 한다. 일부는 수천 개의 성냥개비로 모형을 만들고 쓰레기를 주워 모아 자신만의 예술품을 만들기도 한다. 또 어떤 이들은 1만 피스가 넘는 퍼즐을 맞춘다. 그들이라고 의지력이 넘치는 것도 아닌데 왜 쉬지 않고 고생을 사서 하는 걸까?

계속하게 만드는 활동들에는 단순한 보상 이상의 무언가가 있다. 우리가 보기엔 따분하고 고통스러워 보이는 일들을 그들은 열성을 다해 해낸다. 그들은 그들만의 도파민에 중독되어 있다. 가장 쉽게 말하면 취미다. 단순히 즐거운 것 이상의 매력을 가지고 있는 것이다. 취미는 어느새 특기가 되기도 하고 직업이 되기도 한다. 우리가 보기에는 어렵고 힘들어 보이는 일들을 통해 그들은 각자만의 보상을 받아내고 있다. 취미는 각자의 삶을 지속하게 해주는 추진력 역할을 한다. 여기에 나이나 직업은 중요치 않다. 사람이 모두 다르듯 그들이 느끼는 만족감이나 성취감도 다른 것이다.

가끔 도대체 무엇을 위해서 그렇게 운동하냐는 질문을 받는다. 주변 사람들이 보기에는 이해가 되지 않을 수 있다. 전문 트레이너도 아니고 이 직종에 종사하는 사람도 아닌데 굳이 힘을 들여서 피트니스 대회까지 나갔다 왔으니 말이다. 여기에는 그렇게 할 수 있는 분명한 보상이 있다. 과학적 근거로는 웨이트 트레이닝(무산소 운동)을 하면 엔도르핀이 분비된다. 역기를 들거나 강도가 높은 운동을 할 때 많이 분비된다. 실제로 유산소 상태에서 무산소 상태가 되면서 산소가 충분하지 않아 순간적으로 고통을 느끼게 되는데 이 고통은 엔도르핀으로 대체된다. 이를 '러너스 하이Runners' High, 격렬한 운동 후 느끼는 황홀감'라고 한다.

엔도르핀 때문이기도 하고 러너스 하이를 느끼기 위해서이기도 하다. 하지만 과학적인 이유 말고 내 자신과의 약속도 큰 동기가 된다. 하루 중 운동을 할 수 있는 시간은 지친 하루 속의 휴식 시간과 같다. 또 성취감이라는 감정은 일상에서 쉽게 느끼지 못한다. 하지만 30분이건 1시간이건 운동을 하고 샤워를 하고 돌아오면 큰 성취감을 느낀다. 오늘도 해냈구나. 또 자신과의 약속도 지켜냈다는 뿌듯함이 들기 때문이다. 운동은 지금껏 많은 것들을 해낼 수 있게 해줬다. 또 앞으로도 많은 것을 해내게 도와주고 있다. 혹 망설이고 있는 사람이라면 작은 시작을 해보길 권장한다.

1만 피스가 넘는 퍼즐을 맞추는 사람, 쓰레기를 주워 모아 예술품을 만드는 사람, 새벽마다 일어나 운동하는 사람, 주말마다 쉬지 않고 무언가를 하는 사람들에게는 저마다의 활동을 통해 얻는 기쁨과 행복감이 보상이나. 이 모든 것이 또 각자의 삶에서 큰 동기부여로 작용하고, 새로운 영감으로 작용해 가늠할 수 없는 시너지를 만들기도 한다. 이들이 특별한 것이 아니다. 모든 사람은 각자의 추진을 일으키는 매개체가 있다. 다만 아직 찾지 못했을 확률이 크다. 이것을 찾은 사람과 찾지 못한 사람의 삶의 영역은 크기가 다르다. 자신만의 추진력을 일으키는 매개체를 찾아보자. 분명 존재한다.

습관으로 자신의 삶을 주도하자

자신의 삶에서 추진력을 일으키는 매개체를 찾는 일. 또 습관을 형성하려고 노력하는 일. 이 모든 것이 누구를 위한 일일까? 바로 나 자신이다. 습관을 형성하는 것은 내가 내 삶의 주인으로서 제대로 역할을 하기 위함이다. 다른 누구를 위한 것이 아닌 자신의 삶을 원하는 방향으로 주도하기 위함이다. 습관을 형성하는 것은 괴롭고 힘든 일이라고 생각한다. 하지만 변하지 않고 노력하지 않아서 얻는 것들은 아쉬움과 후회만 가져다준다. '그때 좀 덜 할걸, 이것을 좀 더 해볼걸'이라는 후회가 생긴다.

우리는 매일 불안감 속에서 산다. 출근하는 순간부터 퇴근하는 순간까지 모든 시간을 끌려다닌다. 하지만 자신만의 삶을 주도하는 사람은 언제나 시작부터가 다르다. 아침에 일찍 일어나 차분하게 하루를 준비하고 출근한다. 그리고 자신의 속도에 맞춰 일을 해나간다. 또 더 나은 나를 만들어내기 위해 작지만 나를 위한 일을 한다. 그리고 계속해서 원하는 방향으로 삶을 이끌어간다. 습관은 단순 행동이 아니라 이 모든 것들을 포괄하고 있다. 자신만의 방향과 속도를 가진다는 것은 자신을 위한 습관을 형성하는 것이다.

가장 많이 생각하고 고민하는 것 중 하나가 바로 행복한 삶이 무엇인가에 대한 것이다. 이 바쁜 세상에서 자신만의 속도를 갖는다는 건 거의 불가능한 일처럼 느껴진다. 하지만 천천히 스스로를 통제하면서 자신만의 방향과 속도를 찾자. 꾸준히 하다 보면 어느 순간 3인칭 시점으로 살아가던 삶이 1인칭 주인공 시점으로 변화되어 주도적으로 살아갈 수 있게 된다. 꼭 직업이 꼭 하나만 있어야 하는 것은 아니다. 취미도 꼭 하나일 필요는 없다. 그저 각자가 머릿속으로 생각하는 방향을 따라 나아가는 것이다.

습관을 유지하고 발전하는 단계에서 꼭 기억해야 할 이야기다. 습관을 형성한다고 삶이 혁명적으로 바뀌지는 않을 수도 있다. 하지만 자신만의 시간을 묵묵히 행복하게 살아가고 있는 사람들은 겉으로만 봐도 다르다. '자기답게' 살아가고 있기 때문이다. 자기답게 살아가는 사람들은 '행복해' 보인다. 행복의 척도는 각자 다를 수 있다. 돈, 커리어, 취미, 그게 무엇이든 자신의 행복의 기준에 맞춰 살아갈 수 있게 1인치씩 바꿔보자. 이게 우리가 습관을 형성하려는 이유다.

니만의 정체성을 만들자

—

지금 운동을 갈 것인가, 누워서 스마트폰을 볼 것인가. 지금 당장 일어나 아침을 멋지게 열고 승리하는 하루를 만들어낼 것인가, 조금 더 자고 또 시간에 이끌려 다닐 것인가. 사람들은 행동하기에 앞서 스스로가 판단하는 자기 모습에 기인해 행동의 선택을 한다. 모든 질문의 답변은 자신이 스스로를 어떤 사람이라고 생각하는가?라는 질문과 사람들이 자신을 어떤 사람이라고 생각하는지에서 찾을 수 있다. 주변 사람들이 부지런한 사람이라고 얘기를 한다면 스스로를 부지런한 사람이라는 정체성을 가지고 행동하고 선택한다. 주변인들에 의한 정체성은 스스로가 판단하는 정체성에서부터 시작된다.

정체성이 중요하다는 것은 이미 습관을 준비하는 단계에서도 강조했다. 정체성은 작은 조각들이 모여 만들어진다. 습관을 유지하고 발전시키는 단계에서 스스로의 정체성을 확립할 필요가 있다. 실패했던 경험이 있어서 또 실패할 것이라고 생각하는가? 그러면 실패할 것이다. 하지만 지난번에 실패했으니까 이번에는 성공시킬 것이라고 생각한다면 성공할 것이다. 정체성은 자신에 대한 평가이자 믿음이다. 자신의 믿음이 없다면 정체성을 형성할 수 없기 때문이다.

자기효력감은 어떤 일에 대해 할 수 있다고 판단하는 감각이다. 즉 자신에 대한 평가와 같다. '이것을 해내고 싶어, 이번에는 이것을 해보고 싶어'라는 생각에 대해 그럴 능력이 충분하다고 느끼는 감정이다. 자기효력감이 낮은 사람은 질문에 대해서 할 수 없다고 평가를 할 확률이 높다. 다른 관점으로 보면 기회를 잃는 것일 수 있다. 앞선 STEP UP 전략의 목적 중 하나가 바로 이것이다. 작은 승리를 계속 경험하다 보면 자기효력감을 올릴 수 있기 때문이다. 승리하는 것도 습관이다.

정체성을 확립할 때는 자신의 능력이 얼마나 되는지에 대한 객관적 평가는 중요치 않다. 스스로를 해낼 수 있는 사람으로 생각하는지가 중요하다. 나는 스스로를 어떤 일이라도 해낼 수 있는 사람으로 생각한다. 조금 늦더라도 원하는 방향으로 삶을 주도해 갈 수 있는 사람이라고 생각한다. 그리고 실제로 지금 그 길 위에 있다. 본인의 정체성을 한번 생각해 보자. 스스로 어떤 사람이라고 생각하는가? 치열하게 삶을 살아가다 보면 각자 인생의 속도와 방향을 잃어버릴 때가 많다. 언제나 그 길 위에서 방향을 잃지 않고 삶을 자기 페이스대로 이끌어가게 하기 위해 노력해야 한다.

습관을 형성하는 데 있어
환경은 큰 힘으로 작용한다

살아있는 모든 생물은 환경에 맞춰 적응하고 진화한다. 우리의 뇌도 마찬가지다. 인류 초기의 뇌는 오직 생존하는 데에만 사용되었지만 인류가 진화하면서 뇌도 지금의 복잡한 구조가 되었다. 환경의 변화 속에서 인간이 필요에 따라 진화하듯이 습관도 함께 변화한다. 습관 또한 환경에 적응하기 위해 발전하거나 없어지는 것이다. 그래서 습관을 형성하는 데에는 환경이 가장 중요하다.

습관은 환경의 산물이다

우리의 삶은 계속해서 변화하고 있다. 먼 옛날에는 편지의 형태로 소식이나 이야기를 전했다면, 이제는 작은 컴퓨터와도 같은 스마트폰의 형태로 소식을 전한다. 또 자동차도 마찬가지다. 석유라는 한정된 연료가 고갈될 것을 대비해 전기차, 수소차 등의 형태로 계속 진화하고 있다. 심지어 지구가 아닌 새로운 행성이나 우주에서의 삶을 예견하며 우주 사업 또한 활발하게 발전하고 있다. 지금은 상상하기 힘들겠지만 시간이 흐름에 따라 환경이 변하고 인간은 그 환경에 새롭게 적응하며 살게 될 것이다. 이렇게 환경에 의해 사람의 습관이나 가치관도 변화하게 된다.

자유의지와 결정론에 대해서 들어본 적이 있을 것이다. 결정론은 인간의 운명은 결정되어 있다는 주장이다. 자유의지론은 인간은 자율적으로 행동하고 의지에 따라 결정할 수 있는 존재라는 주장을 하는 것이다. 어떤 주장이 옳은 것일까? 두 관점이 모두 100% 옳다고 얘기할 수 없다. 자유의지대로 삶을 살 수 있다면 우리가 원하는 대로 변하는 것이 자유로워야 할 것인데 그렇지는 않다. 또 결정론의 주장대로 우리의 운명이 모두 결정되어 있는 대로 살아간다면 우리가 노력해야 할 이유가 없다. 아무것도 변하지 않을 것이기 때문이다.

거시적인 관점에서 인류의 환경도 변하고 있으며 변화에 맞춰 인류도 계속 진화하고 발전하고 있다. 습관은 환경의 산물이다. 사회적으로 국가나 민족의 습관, 각 기업이 가지고 있는 습관, 개인의 행동 습관, 사고 습관 등 모든 습관이 환경에 의해서 형성이 된다. 그래서 생각대로 살이기는 삶을 위해서는 환경을 바꿔야 한다. 습관을 유지시키고 발전시키는 단계에서 가장 중요한 요점이다. 인간은 환경에 의해서 습관, 행동, 사고 모든 것들이 바뀌게 시스템이 되어있기 때문이다.

1차 습관은 성장하면서 형성된다

모든 사람은 미성숙한 상태에서 태어나 점점 성숙해진다. 그렇다면 우리의 습관이 가장 강하게 형성되는 시기가 언제일까? 바로 미성숙한 상태에서 성숙해지는 기간 동안 습관이 형성된다. 성장하면서 신체적, 언어와 사고, 지식 등이 성숙해지면서 각자의 습관이 형성되는 것이다. 1차적으로는 부모의 영향이 가장 크다. 아이들은 뭐든 빨리 배우는데, 미성숙한 백지의 상태라 모든 것들을 빠르게 흡수한다. 이때가 성장형 마인드셋을 지니고 있는 때이다. 부모의 언어, 행동, 말투, 식습관까지 모든 것을 보고 따라 하면서 개인의 습관이 형성된다. 또 유치원, 학교 등의 집단생활을 하면서 각자만의 정체성과 습관이 형성된다. 이때가 모든 사람들의 1차 습관이 형성되는 시기이다. 주변의 모든 환경이 개인 습관의 형성과 각자의 정체성 확립의 요인이 된다. 이미 고착형 마인드셋을 지닌 성인이 된 이후에는 적정 시기가 없다. 나이와 상관없이 언제든 본인의 의지에 의해서 2차 습관을 형성할 수 있다.

어렸을 적부터 부모님 두 분이 모두 일을 하셨다. 어머니는 매일 바쁘신 와중에도 반찬을 정성스레 만들어두고 일을 가셨다. 하지만 집에 라면이 항상 있었기에 나는 주로 라면을 끓여 먹었다. 라면을 자주 끓여 먹는 것이 습관이 되었는데 이 습관은 성인이 될 때까지 없어지지 않았다. 라면을 너무 자주 먹으니 피부도 좋지 않았고 건강도 좋지 않았다. 하지만 이 습관은 성인이 된 이후 운동을 하면서 완전히 바꿀 수 있었다. 운동을 하면서 자연스레 건강식에 대해서 공부하고 챙겨 먹기 시작했다. 의도적으로 탄산을 끊고 라면 등의 자극적인 음식들을 피했다. 그리고 지금은 오히려 건강식을 공부하고 찾아 먹는 습관이 생겼다.

이렇게 본인이 환경을 새롭게 조정하고 관점을 바꾸게 되면 습관은 얼마든지 바꿀 수 있다. 습관들은 없어지지 않는다. 다만 그 횟수가 줄고 그 횟수를 다른 습관이 대신하게 되는 것이다. 1차 습관이 형성되는 시기는 우리가 통제할 수 없는 시기이다. 본인이 좋지 않은 습관을 가지고 있다고 성장기를 탓해서는 안 된다. 다만 습관이 환경에 많은 영향을 받으면서 형성되었다는 것을 이야기하고 싶은 것이다. 성인이 된 이후에는 각자가 환경을 통제할 수 있게 된다. 2차 습관을 형성할 수 있는 가장 좋은 시기는 바로 지금이다.

습관을 변화시키려면 의도적으로 환경을 통제하라

사람의 다섯 가지 감각 중 시각의 힘이 가장 민감하다. 감각 수용체 약 1,100만 개 중에서 1,000만 개 정도가 시각세포로 작용할 정도이니 말이다. 습관은 모두 어떤 신호에 의해서 시작이 된다. 그 신호를 알아차리는 데 가장 민감하게 반응하는 것이 시각이다. 과거에 어떤 음식이 맛있었다는 기억은 그 음식을 보자마자 견딜 수 없게 만든다. 그래서 우리는 참지 못하고 그 음식을 먹어버린다. 이는 의지력의 차이가 아니라 과거 경험의 차이에서 오는 것이다. 이렇게 또 스스로 의지가 약해서 이겨내지 못했다는 자책감을 가지곤 한다.

의지력이 굉장히 뛰어나 어떤 상황에서도 유혹을 이겨낼 수 있다면 정말 대단한 일이다. 하지만 대부분이 그렇지 않다. 그렇기 때문에 환경을 의도적으로 조성해야 한다. 어떤 상황에 맞서 의지력 대결을 하는 것보다 애초에 그 상황을 만들지 않는 것이 원하는 행동을 하기 훨씬 더 쉽기 때문이다. 혹은 원하는 선택과 행동을 할 수밖에 없는 환경을 만들어내는 것이다. 환경을 의도적으로 통제한다는 것은 습관을 유지하고 발전시키는 데 가장 중요한 키워드이다.

사람의 욕구나 열망에 맞서 싸워서는 이길 수가 없다. 그렇다면 싸울 필요 없는 환경을 의도적으로 조성하면 된다. 예를 들어 집에서 군것질하는 습관이 있다. 다이어트를 하려고 하는데 이 습관을 없애기가 어렵다면 주변 환경을 바꿔보자. 군것질거리들을 눈에 보이지 않는 곳에 두자. TV를 보거나 스마트폰을 보느라 잠을 늦게 자는 습관이 있다. 그렇다면 이들을 의식적으로 사용하기 힘들게 배치해 보자. TV를 잘 쓰지 않는 방으로 옮기거나 스마트폰을 멀리 두고 잠자리에 드는 것이다.

아침마다 사과를 먹는 습관을 가지고 있다. 사과는 건강을 유지하는 데 가장 좋은 식품 중 하나다. 특히 아침에 먹으면 그 효과는 배가 된다. 그러나 매일 챙겨 먹는 습관을 들이기 전에는 자주 잊어버렸다. 매번 사과를 냉장고 깊숙이 넣어놨기 때문이다. 그래서 사과를 눈에 자주 보이는 식탁 위에 올려뒀다. 이후에는 사과를 항상 먹게 되었다. 일어나자마자 스트레칭을 하고 싶다면 운동 매트를 깔아 놓자. 퇴근하고 운동을 곧장 가고 싶다면 운동복을 문 앞에 놔둬 보자. 행동하기 쉽게 만든다면 성공할 확률이 높아진다.

또 한 가지 유명한 일화가 있다. 1990년대 초, 암스테르담 스히폴 공항의 청소부들이 남자 화장실을 청소할 때마다 너무 힘들었다고 한다. 소변기 밖으로 튀는 소변 때문이었다. 그래서 이들은 소변기 중앙에 파리 스티커를 붙였다. 이 결과 소변기 밖으로 튄 잔뇨가 80% 이상 줄었다. 시각의 힘을 이용해 환경을 조성한 것이다. 남성들은 시키지 않아도 파리를 향해 정조준했다. 이게 바로 '넛지 효과'다. 강요하지 않아도 환경을 조성함으로써 자연스럽게 원하는 선택을 하게 만드는 것이다.

습관 행동과 환경의 관계는 지렛대의 원리와 같다. 환경을 1인치만 바꾼다면 습관 행동이 나중에는 크게 바뀔 수 있다. 환경을 바꾸는 일은 에너지가 크게 들지 않지만 습관 행동을 바꿀 수 있기 때문이다. 여기서도 습관 형성의 가장 중요한 원칙이 사용된다. 바로 명확성이다. 가장 먼저 내게 필요하지 않은 습관과 그 환경을 제대로 파악해야 한다. 어떤 습관이건 반복을 통해서 형성되었다. 그 습관이 반복적으로 이뤄지는 환경을 파악해야 한다. 그래야 환경을 자신의 삶의 페이스에 맞게 통제할 수 있다.

갑작스러운 환경 변화는
기존의 습관을 멈추게 하는 힘이 있다

누구나 살면서 갑작스러운 환경의 변화에 적응해야 했던 적이 한 번쯤은 있을 것이다. 초등학교를 졸업하고 중학교, 고등학교를 간다. 또 일부는 대학으로 혹은 새로운 직장으로 들어간다. 그렇게 새로운 환경으로 가게 되면 모든 것이 리셋되어 기존의 습관이 보이지 않는다. 또 갑작스러운 환경의 변화로 주변인이 바뀌게 될 때도 기존의 습관이 리셋되는 효과를 볼 수 있다. 이와 같이 갑작스러운 환경의 변화가 온다면 그때가 습관을 새롭게 형성하기 위한 적기이다.

환경이 변하는 타이밍을 잡아라

습관은 무의식 속의 선택과 행동이다. 반복되는 상황들에 대해서 습관이 형성된다. 운동을 가야지 생각하고는 매일 집에 돌아오면 침대에 눕는 습관이 있다. 퇴근과 집에 돌아왔다는 상황의 신호가 침대로 연결된다. 커피를 줄이고 싶은데 매일 아침 출근길 길목에 있는 커피숍에 들려 커피를 마신다. 매일 가는 출근길에서 만나는 커피숍이 신호가 되어 커피를 마시게 하는 것이다. 매일 하던 습관들은 상황의 신호를 받으면 무의식적으로 선택과 행동을 하게 된다. 상황 신호에 의한 반복이 습관으로 자리 잡는 것이다.

이 습관을 바꾸고 싶다면 의식적으로 상황을 변화시키면 된다. 기존의 습관에 대한 선택과 행동의 균형이 깨지게 만드는 것이다. 집을 나서기 전에 문 앞에 운동복과 운동 가방을 놔두자. 혹은 운동 짐을 챙겨서 출근하자. 퇴근과 침대라는 상황 신호를 무너뜨리는 것이다. 또 출근길을 의도적으로 바꿔보자. 새로운 길로 출근을 하게 된다면 출근길의 커피숍을 마주치지 않아 커피를 줄일 수 있게 된다. 상황 신호를 파악해 바꾸는 것은 너무나도 당연하다. 당연한 것들을 의식하지 않으면 계속 반복하게 된다. 스스로 더 의식을 해서 상황을 변화시켜야 한다.

삶의 환경이 바뀌는 때가 있다. 대표적으로 전학이나 진학, 이사 혹은 이직, 그리고 결혼이나 출산 등의 상황이다. 이 순간들은 그동안의 삶의 패턴이 송두리째 바뀌는 때이다. 이 순간을 맞이하게 되면 습관은 혼란스럽다는 감정을 느끼기도 한다. 습관은 무의식 속에서 행해지는 선택과 행동이다. 하지만 혼란스럽다는 감정을 느끼는 동안에는 생각을 한다. 의식적으로 행동을 할 수 있게 된다는 것이다. 환경이 급변하는 순간이 습관을 새롭게 형성하기 위한 적기의 타이밍이다.

오랜 시간을 함께하던 친구가 학업이나 직장의 이유로 타지나 타국으로 떠나는 경우가 종종 있다. 그리고 시간이 흘러 다시 만나게 되면 그 친구의 생각이나 모습, 행동 등이 바뀌어있음을 느낀다. 바로 환경의 변화로 인해서 사람이 변하게 된 것이다. 하지만 계속 같은 환경에 있었던 사람들은 변화가 없이 계속 예전 삶의 습관 속에서 살아간다. 그들의 삶을 비하하는 것이 아니다. 그만큼 환경이 변하지 않으면 변화의 의지가 있어도 쉽지 않다는 이야기다.

군대 전역 시점에 어떤 일을 해야 할지 너무 막막했다. 주변의 동기들은 회사에 입사하거나 공무원 시험 등을 준비했다. 하지만 나는 계속 고민만 하다가 전역하게 되었다. 사실 나는 무엇 하나 특별히 잘하는 것이 없었다. 그렇게 전역 후 우연의 계기로 호주 워킹홀리데이를 떠났다. 1년이 넘는 시간 동안 여러 도시를 돌아다니고 수많은 사람을 만나며 생활했다. 그렇게 한국으로 돌아온 이후의 나의 관점은 완전히 달라졌다. 세상은 넓고 해봐야 할 것들이 너무 많았다. 또 해보지 않으면 느끼지 못할 것들이 많았다. 그래서 오히려 더 많은 경험을 하기 위해서 노력했다.

그리고 해보고 싶은 일을 찾고 직장 생활도 했다. 그 모든 경험 안에서 시행착오를 겪었고 내가 진정으로 하고자 하는 일들을 찾게 되었다. 그 첫 시작이 생각만 하던 피트니스 대회를 나가는 것, 두 번째로는 과감히 퇴사를 하고 바로 이 책을 쓰는 것이었다. 그렇다고 해서 곧바로 내가 생각한 성공을 이룬 것은 아니다. 하지만 만약 이 글을 보고 있는 누군가가 기나긴 슬럼프에 빠져있다면 꼭 환경을 의도적으로 바꿔보길 권한다. 그 결과는 아무도 모른다. 새로운 환경 속에서 자신의 어떤 모습을 만날지 또한 아무도 모르기 때문이다.

함께하는 사람 5명의 평균이 자신의 모습이다

Part 3에서 잦은 실패로 인해 부정적 정서가 형성된다고 이야기하면서 벼룩 실험 일화를 이야기했다. 벼룩을 병에 넣고 뚜껑을 닫으면 계속된 실패로 인해 뚜껑이 열려도 그 이상을 뛰지 못한다. 계속된 실패로 인해 스스로 한계의 상한선을 만들어버린 것이다. 이를 '피그말리온 효과'라고 부른다. 하지만 이 벼룩이 훨씬 높이 뛰어오르는 벼룩들 사이에 있다면 이야기가 바뀐다. 주변의 벼룩들이 뛰는 만큼 다시 예전으로 돌아오는 것이다.

미국의 사업가이자 동기부여 강연가 짐 론Jim Rohn은 "우리는 대부분의 시간을 함께 보내는 다섯 사람의 평균이다"라고 말했다. 나와 같이 가장 많은 시간을 보내는 사람이 5명이 누구인가? 그 평균이 당신의 모습이다. 한번 돌이켜 보자. 우리가 사회생활을 시작하는 초등 교육부디 지금까지 각자의 집단생활에서 가장 신경 쓰는 것이 무엇일까? 바로 가장 가깝게 지내는 사람들이다. 그들의 마인드와 행동, 습관, 삶의 패턴까지 모든 것들이 비슷한 수준을 유지하기 위해 무의식적으로 노력을 한다. 그리고 그것을 유지하지 못하면 그 집단에서 스스로 나가게 된다.

대한민국 군인 중에서 1%만 간다는 특전사에서 장교로 덜컥 지원했다. 처음 특전사에 임관할 때부터 굉장한 압박감이 있었고 걱정이 앞섰다. 임관 전부터 달리기는 물론 턱걸이, 팔굽혀펴기 등의 기초 체력을 열심히 훈련했다. 꾸준히 한다고는 했지만 막상 자대 배치를 받고 보니 너무 부족했다. 하지만 뛰어난 부대원들 사이에서 매일 같이 먹고 자고 함께 훈련을 하다 보니 점점 빠른 속도로 성장하게 되었다. 임관 전과 임관 후의 운동량과 열심히 한다는 기준이 주변 사람들로 인해서 달라졌던 것이다. 의도적으로 환경을 바꿔 새로운 집단으로 들어가 보자. 그럼 그 환경에 맞게 천천히 변화된 자신을 찾을 수 있게 된다.

예를 들어 세계적인 축구 선수가 되려면 위대한 팀에 들어가는 것이 가장 좋은 방법이다. 세계적인 팀의 선수들은 각자의 뛰어난 재능이 있을 수도 있고 더 강도가 높은 훈련을 할 수도 있다. 이렇게 수준 높은 팀에 들어가게 되면 자연스럽게 그 집단에 맞춰가기 위해서 더 부단하게 노력을 하게 된다. 그래서 때로는 슬럼프에 빠진 선수들이 갑작스럽게 이적을 통해 엄청난 실력을 발휘하며 거짓말처럼 좋은 성적을 내기도 하는 것이다.

26

실패는 성공으로 가는
하나의 경우의 수이다

습관을 형성해 나간다는 것은 생각대로 사는 삶을 위한 노력이다. 이 과정 속에서는 수많은 시행착오와 실패가 있을 것이다. 하지만 그 실패를 예전과 같은 마음으로 대해서는 안 된다. 실패했다는 뜻은 계속해서 무언가를 하고 있다는 뜻이다. 성공의 단계로 가는 여러 갈래의 길 중에서 올바른 길을 찾아가는 것이다. 사람이 가장 많이 성장하는 때가 바로 실패를 경험했을 때이다. 성공의 단계에 가기까지 실패를 당연시 생각하고 받아들여 보자. 진짜 실패한 순간은 바로 포기를 해버린 순간이다.

누구나 실패를 통해서 성장한다

세계에서 영향력 있는 여성으로 꼽히는 인물 중 하나인 오프라 윈프리는 첫 직장에서 해고당했다. 만약 해고당하지 않았더라면 지금의 오프라 윈프리가 있었을까? 전구라는 혁신적인 발명품을 만들어낸 토머스 에디슨은 전구를 발명하기 위해 수천 번의 실패를 경험했다. 그는 이런 말을 남겼다. "내 실험에는 실패가 없다. 나는 2만 5천 번 실패한 것이 아니라 건전지가 작동하지 않는 방법 2만 5천 가지 경우를 알아낸 것이다." 실패를 대하는 태도는 일반적인 태도와 완벽하게 다르다. 누구나 실패를 경험한다. 우리도 실패를 경험한 적이 있다. 그들과의 차이점은 실패를 대하는 태도이다.

보통 우리는 어릴 적부터 실패를 해서는 안 되는 것으로 배우고 자란다. 그렇기 때문에 실패에 대한 두려움이 크다. 하지만 실패를 통해 우리가 얻을 수 있는 것들이 있다. 요리를 하는 데 있어서 첫 요리부터 완벽하게 맛있을 순 없다. 실패를 통해 학습하게 되고 점진적으로 그 실력이 향상되는 것이다. 실패는 우리에게 학습의 기회를 준다.

실패는 우리가 포기하지 않고 계속 나아가고 있다는 증거다. 아무것도 하지 않는다면 아무 발전이 없는 0의 상태일 것이다. 만약 요리를 실패했다고 다시는 하지 않는다고 해보자. 그럼 다시 시도할 때까지 요리는 실패의 상태이다. 어차피 해야 하는 것이라면 오히려 빨리 더 많이 실패를 해보는 것이 좋다. 어떤 실패에서도 배울 수 있는 건 있다.

호주 워킹홀리데이 당시 내 목표는 단 하나, 외국인들이 있는 직장에 들어가 일을 하는 것이었다. 하지만 영어가 서툴렀던 호주 생활의 초기에 수없이 면접에서 떨어졌다. 낙담했지만 목표만 생각하며 그저 할 수 있는 일을 했다. 바로 수없이 많은 면접 시뮬레이션을 하는 것이었다. 앞선 30번이 넘는 면접의 실패 요인을 분석했다. 가장 큰 실패 요인은 자신감이었다. '영어를 알아듣지 못하면 어쩌지'라는 걱정이 앞섰다. 그러다가 자신감을 가지고 앞서 지원했던 곳들보다 더 큰 회사에 지원했다. 마침내 앞선 실패의 경험을 토대로 퀸즐랜드 주에 위치한 Hamilton Island라는 섬을 휴양지로 개발해 운영을 하고 있는 Hamilton사에 취업을 하게 되었다. 그곳에서의 생활은 잊을 수 없는 좋은 기억으로 남았다. 수천 명의 외국인 스태프들 사이에서 많은 것을 보고 배울 수 있는 기회가 주어진 것이었다.

실패와 성공의 차이는 포기를 했는가, 아직 도전 중인가의 차이다. 실제로 포기하지 않고 끝까지 해내는 사람들은 작은 실패에 크게 동요하지 않는다. 그들은 지금 당장이 아니더라도 각자의 삶의 속도로 자신만의 목표를 향해 나아가고 있기 때문이다. 장기적 성공의 길을 가고 있음을 알기 때문이다. 주식을 한번 생각해 보자. 각자의 목표를 가지고 나아가는 큰 기업들의 그래프는 10년 봉으로 보면 모두 우상향을 해나가고 있다. 하지만 일봉으로 보게 되면 자주 내려갔다 올라가기를 반복한다. 우리가 실패를 대하는 태도도 이와 같아야 한다. 아인슈타인은 이렇게 말했다. "포기하지 않는 한 당신은 결코 실패하지 않는다."

실패를 인정하고 재빨리 돌아오자

누구나 살아가면서 힘든 시기가 있다. 또 실패를 겪는 시기도 있다. 꼭 기억하자. 성공한 사람들이 실패를 하지 않은 것은 아니라는 것을. 진짜 성공을 하는 방법은 실패를 했을때 인정하고 재빨리 돌아오는 것이다. 실패를 인정하면 패배자가 된다는 생각을 한다. 패배자란 완전히 포기했을 때의 이야기이다. 목표를 이뤄낸 사람이 과거에 많은 실패를 했었다면 그는 실패한 사람인가, 성공한 사람인가? 가장 중요한 건 실패를 인정할 수 있는 마음가짐이다. 실패는 죄가 아니다.

습관을 형성하는 데 있어 가끔 건너뛰는 경우도 생길 수 있다. 또 주변의 환경에 의해서 통제력을 잃고 한 번쯤은 실패할 수 있다. 그때의 기분을 그대로 받아들이자. '아, 지금 내가 무엇 때문에 실패를 했구나. 다음부터는 이런 상황을 조심해야겠다.' 그리고 재빨리 다시 돌아가 시작하면 된다. 첫 번째 실패 이후 두 번째, 세 번째의 실패가 두려워 재시작하지 못한다면 영원히 그 상태로 남게 되는 것이다.

첫 바디프로필을 준비하는 기간 동안 꾸준히 운동을 했다. 하지만 직장생활과 다른 일들로 인해 피치 못할 사정으로 며칠씩 쉬게 될 때도 있었다. 피치 못할 사정 때문이었지만 '며칠 쉬어 버려서 바디프로필은 못 찍게 되는 것 아닐까? 이 며칠 때문에 성공 못할 것 같은데 그냥 포기할까?'라는 생각을 했다. 하지만 포기하지 않고 돌아가 처음부터 천천히 다시 시작했다. 다시 시작했을 때는 우려와는 다르게 빠르게 원래의 상태로 돌아올 수 있었다. 거기서 포기를 했더라면 지금의 내가 없었을 것이라는 생각이 든다.

모든 인생은 완벽하기란 불가능하다. 어떤 시점이 되면 수많은 방해꾼들이 나타나고 수많은 일들이 생긴다. 몸이 아플 수도 있고, 일이 많아질 수도 있다. 또 급한 장거리 출장을 가야 할 수도 있다. 이때 기억해야 할 것은 단 하나다. "얼른 다시 돌아가 시작하자." 포기하지 않고 다시 돌아가 시작한다면, 완벽하지 않더라도 목표한 바로 조금씩 계속 나아갈 수 있다.

성공으로 나아가는 키워드, '저항력'(High risk High return)

습관을 형성해 나가는 데 있어서 벽에 부딪힐 때가 있다. 그때 사람들은 이런 생각을 한다. '오늘은 너무 피곤하니까', '어차피 얼마 못할 거야', '시간이 너무 많이 걸릴 것 같아.' 이때 내면의 저항력을 이겨내보려고 해보자. 시도하다가 실패할 경우를 상상해보면 결과는 생각보다 위험하거나 나쁘지 않다. 또 후회와 아쉬움이 남을 것을 잘 알고 있다. 그저 성공으로 가는 길에 저항력이 한번 발동된 것뿐이라고 생각하자.

"틸을 향해 쏴라! 날을 놓치더라도 당신은 여전히 별들 사이에 있을 것이다." 미국의 동기부여 전문가 레스 브라운Les Brown이 한 말이다. 달에 착륙하지 못하더라도 별이라는 큰 결실을 달성할 수 있다는 뜻이다. 저항력을 이겨내고 시도한 일들을 한번 생각해 보자. 생각보다 좋은 결과가 나왔을 수도 있고 다른 좋은 기회를 부여했을 수도 있다. 완벽함이란 세상에 존재하지 않는다. 하루아침에 성공을 이뤄낼 수 있는 사람은 없다. 계속 반복하고 문을 두드리다 보니 성공의 문이 열린 것이다.

경제 용어 중에 'High risk High return'이라는 말이 있다. 위험성이 큰 만큼 성공했을 시에는 그만큼 큰 보상을 받을 수 있다는 말이다. 이 말은 내가 삶에서 가장 믿는 성공 공식 중의 하나이다. 가만히 생각해 보면 어떤 행동에 대한 저항력이 클수록 나에게 큰 도움이 되는 것들이 대부분이다.

단순한 운동 습관은 건강을 회복시키고 규칙적인 삶을 살아가게 해 줬다. 좋은 보상을 받게 되었다. 하지만 바디프로필을 준비할 때는 달랐다. 운동과 식단까지 신경을 써서 관리를 해야 했다. 이처럼 조금 더 고생한 만큼 그 보상은 단순히 운동을 꾸준히 할 때 느끼는 것과는 달랐다. 피트니스 대회 준비는 더욱 힘들었다. 하지만 그 보상은 굉장했다. 어떤 일이든지 포기만 하지 않으면 해낼 수 있다는 자신감이 생겼다. 고생이 컸던 만큼 보상도 크다는 것을 재차 확인할 수 있었다.

"성공이란 열정을 잃지 않고 실패를 거듭할 수 있는 능력이다."

윈스턴 처칠(Winston Churchill)

Part 5

최종 목적지,
변화할 때까지
반복하자

: Repeat until the end

27

반복에 지치지 않는 사람이
승리한다

생각하는 대로 사는 삶을 살아가기 위해 남은 마지막 단계이다. 꾸준한 반복을 통해 변화를 만들어내는 것이다. 생각만 해도 기분이 좋고 뿌듯함을 느낄 것이다. 내게 꼭 필요한 습관을 형성했다는 것은 생각대로 변하고 있다는 것이기 때문이다. 하지만 실천하기에 앞서 이런 질문이 들 수 있다. '얼마나 해야 이렇게 될 수 있을까? 얼마나 반복해야 이 지루한 게임을 끝낼 수 있는 것일까?'라고 말이다. 나 역시 고민했던 부분 중 하나이다. 그 질문의 답을 한번 확인해 보자.

습관을 형성하는 데 얼마나 걸릴까?

생각하는 대로 살기 위해서 내게 필요한 습관을 형성해야 한다는 것은 알겠다. 그럼 도대체 지루하게 느껴지는 반복을 얼마나 해야 습관이 형성될까? 당장 구글이나 네이버에만 검색해 봐도 많은 의견이 나온다. 21일, 30일, 66일 등 다양한 의견이 각각의 입증 자료를 가지고 주장을 펼치고 있다. '21 days', '21 days habit', '30 days challenge' 등 다양하다. 프로젝트 시작 초기에 직접 21일을 넘어서 30일까지 단 하루도 빠짐없이 하나의 행동을 반복해봤다. 그 결과 그것이 내 습관으로 자리 잡지는 않았다.

성형외과 의사 맥스웰 몰츠 Maxwell Maltz 박사가 21일이라는 가설을 처음 내놓았다. 이는 손이나 발을 절단당한 환자가 신체의 중요 부위를 잃었다는 사실을 인지하고 받아들이는 데 21일이 걸렸기 때문이었다. 그 근거로 그는 대부분의 사람들이 중요한 변화에 적응하는 데 21일이 걸린다고 주장했다. 그런데 이는 습관과는 전혀 다르다. 필리파 랠리 Phillippa Lally 는 〈European Journal of social psychology〉에서 하나의 습관이 영구적인 습관이 되기까지 사람마다 18일에서 254일, 평균적으로는 66일이 소요된다고 밝혔다.

그렇다면 설론은 66일일까? 아니다. 습관을 형성하는 데 걸리는 시간은 사람마다 다르다. 우리는 모두 다른 환경에서 자라왔고 다른 습관과 마인드를 가지고 있다. 모두 다른 배경을 가지고 있는 사람들인데 어떻게 습관이 형성이 되는 시기가 동일할 수 있을까? 어떤 이는 운동을 꾸준히 한 경험이 있어 운동 습관이 빠르게 형성될 수 있다. 하지만 그렇지 않은 사람은 시간이 더 걸릴 수밖에 없다.

수많은 성공한 사람들의 저서를 읽고 그들의 이야기를 들었다. 그들의 공통점은 꾸준함이었다. 그리고 그들이 던지는 메시지 중 하나는 성공은 절대 짧은 시간에 이뤄낼 수 없다는 것이었다. 습관을 형성할 때는 평생 습관으로 만드는 것을 '목적'으로 두어야 한다. 남을 위한 습관이 아니고 나를 위한 습관이기 때문이다. 짧은 시기에 나름의 '목표'를 두고 습관 형성을 위해 노력할 수는 있지만 단기 '목표'를 달성했다고 해서 그 습관을 더 이상 지속하지 않는다는 것은 바보 같은 짓이지 않은가?

내 평생의 습관이라고 생각하면 오히려 마음이 편해진다. 내게 필요한 습관이라고 생각하고 선정했을 것이다. 평생 습관이 된다면 이는 더이상 결핍의 대상이 아니다. 그저 내게 꼭 필요하다는 생각과 내가 더나아질 수 있다는 믿음으로 매일 반복하는 것이 답이다. 매일 10분이라도 운동을 하고, 아침에 일찍 일어나 하루를 준비하는 습관. 신용카드를 마구잡이로 쓰는 대신 돈을 현명하게 쓰는 습관. 탄산음료 대신물을 마시는 습관. 모든 습관은 우리가 알지 못하는 사이에 마법처럼형성된다. 가장 중요한 건 언젠가는 마법이 일어날 것이라는 믿음과 반복이다.

반복의 중요성

지금은 빠르게 변하는 시대다. 수많은 정보가 쏟아져 나오고 있고 수많은 방법론이 소개되고 있다. 또 수많은 강의를 쉽게 접할 수 있다. 이전 세대보다 정보에 더 쉽게 접할 수 있게 문턱이 낮아진 것이다. 그중에는 눈에 띄는 '단기 마스터'를 내세운 광고들이 보인다. 과연 그들이 한 달을 배운다고 마스터를 할 수 있었을까? 아니다. 개괄적인 것들은 습득할 수 있다. 하지만 결국 더 많은 시간을 반복하고 공부해야 어느 정도의 수준을 달성할 수 있게 된다. 영어를 한 달 만에 외국인처럼 할 수 있을까? 절대 아니다. 반복을 통해 목표에 달성할 수 있는 것이다.

반복하지 않으면 순간의 정보로 결국 잊어버리게 된다. 어제 우리는 수백 개의 정보를 접했을 것이다. 걸어다니면서 보이는 간판, 전단지, 그리고 인터넷 속의 수많은 기사, 광고 등 모든 것들이 정보다. 하지만 어제 접한 정보 중 몇 가지나 생각이 나는가? 한 가지도 제대로 생각나지 않을 것이다. 왜일까? 이는 한 번 보고 말았기 때문이다. 한 번 본 정보는 중요한 문제로 인지하지 않기 때문에 잊어버리게 된다. 하지만 중요하게 생각했던 정보에 대해서는 명확하게 인지할 수 있다.

중요한 이야기는 한 번으로 부족하다. 아이가 위험한 행동을 해서 하지 못하게 했다. 하지만 아이는 이_새 잊어버리고 또 같은 행동을 반복할 것이다. 그러나 계속해서 주의를 주다 보면 아이는 이 행동을 해서는 안되는 일이라고 명확하게 인지한다. 처음에는 그냥 지나쳤던 문제들이 계속 반복되면서 진짜 위험한 일이라고 인지하게 된다. 반복할수록 단단해지고 더 깊게 자리 잡게 된다. 다른 사람이 아니고 내게 중요한 일을 하는 것이다. 그렇기 때문에 반복을 하지 않으면 금세 또 잊어버리게 된다.

습관은 얼마나 반복하는 것이 좋을까? 일주일에 2~3일만 집중적으로 하는 것보다 오히려 매일 하는 것이 쉽다. 일주일에 3번 하기로 마음먹고 시작했다. 하지만 대부분은 다음주가 되면 생각이 나질 않는다. '오늘이었나? 내일인가?'의 이너게임이 시작된다. 그리고 결국에는 그냥 넘어가고 만다. 하지만 매일 한다면 오히려 수월하다. 반복을 통해 저항력이 줄어들기 때문이다. 습관을 형성하는 데 횟수나 소요 시간으로 목표를 둬서는 또 실패하고 말 것이다.

작은 성공을 통한 꾸준한 반복은
스스로 성장한다

반복의 힘은 앞서 확인한 것처럼 중요한 성공의 키워드이다. 반복하는 도중 실패를 할 수도 있다. 하지만 계속된 반복이 성공이라면 어떨까? 상상만 해도 즐겁고 행복하다. 나는 매일 성공을 한 채로 하루를 마무리하려 노력한다. 성공의 크기는 중요치 않다. 결론적으로 작은 성공들이 모여 큰 성공을 만들어내기 때문이다. 반복되는 작은 습관의 성공은 그 자체로도 연쇄작용을 일으킨다.

반복되는 작은 습관의 성공은 연쇄작용을 일으킨다

아일랜드 대학교 제임스 프로차스카James Prochaska 교수는 "운동은 삶의 다른 부분에 영향을 준다. 운동이 다른 긍정적인 습관을 쉽게 받아들이게 해주기 때문이다"라고 말했다. 찰스 두히그의 《습관의 힘》의 내용 중 흥미로운 연구 결과를 발견했다. 운동이 일상의 삶에 미치는 영향을 10년 동안 연구한 결과를 예로 들었다. 우리가 습관적으로 운동을 시작하면, 하다 못해 일주일에 한 번씩이라도 운동을 시작하게 되면, 운동과 관계없는 삶의 다른 부분들까지 부지불식간에 바뀌기 시작한다고 한다. 운동을 시작하면 식습관이 좋아지고, 생산성이 높아지는 경우가 대표적이다. 담배도 덜 피우고, 동료들과 가족들에 대한 인내심도 깊어진다고 한다. 또 신용카드도 한층 절제해서 사용하게 되고 스트레스도 덜 받는다고 말한다. 그 이유는 확실하지 않지만 많은 사람에게 운동이 다른 변화를 광범위하게 끌어내는 핵심 습관임이 분명하다. 운동의 양이나 운동의 강도는 중요치 않다. 일주일에 한 번의 작은 습관이라도 이런 결과를 가져다준다고 한다. 그럼 일주일에 한 번이 아니라 일주일에 다섯 번, 혹은 그 이상이라면 어떻게 변할까?

꼭 운동이 아니어도 좋다. 어떤 목표를 추구해도 같은 특성을 보이게 된다. 시간의 흐름에 노력하는 것들이 자신의 일부가 되어 스며들게 된다. 이제 막 운동을 시작했을 때는 운동인이라고 정의하지 않는다. 시간이 지나 어느 순간이 된다면 자연스럽게 운동인이 되었다는 기분을 느끼게 된다. 언젠가부터는 그저 글을 쓰는 사람이 아니라 작가가 되는 것이고, 그저 음악을 좋아하는 사람이 아니라 뮤지션이 될 수 있는 것이다. 작은 성공들은 하나하나가 그 어떤 것보다 강력한 동기부여다. 반복되는 작은 습관의 성공은 이렇게 계속 연쇄작용을 일으킨다.

이렇게 계속된 작은 성공을 경험하다 보면 그 시간이 기다려지게 된다. 아침에 일어나기 싫어하던 사람들이 아침 시간을 기다리기 시작하게 된다. 큰 힘을 들이지 않고 성공을 맛볼 수 있기 때문이다. 그 성공의 맛은 생각보다 중독이 강하다. 이 작은 성공들이 모여 언젠가는 큰 성공을 불러들일 것을 알기에 더더욱 기대되는 것이다.

작은 성공 습관들을 반복하면 스스로 성장한다
—

작은 습관의 성공은 연쇄작용을 일으키기도 하고 그 자체로 성장하기도 한다. 이 두 가지는 끊임없이 시너지효과를 내고 있다. 성장을 통해서 더 큰 연쇄효과를 내기도 하고 연쇄효과를 통해 더 성장하기도 한다. 작은 습관 성공의 반복은 이 두 가지의 시너지를 계속 불러일으킬수 있는 것이다.

꾸준히 반복하는 것만큼 성장할 수 있는 좋은 방법이 있을까? 사람들은 당연한 것은 받아들이려 하지 않는다. 무언가 새로운 방법이나 특별한 해결책을 원한다. 그래서 단기, 속성, 실패하지 않는 등의 타이틀에 쉽게 현혹된다. 한 전문 투자가가 한 말이다. 100% 성공하는 주식투자는 없다. 무조건 수익을 낼 수 있는 종목은 존재하지 않는다. 시간이 흐름에 따라 폭락할 수도 있다. 100% 수익 보장에 현혹되지 말고 꾸준히 공부해서 자신만의 투자를 해야 한다. 그게 성공적인 투자를 할 수 있는 방법이다. 아무 준비도 하지 않은 채 하루아침에 돈을 벌려고 한다면, 이는 아무 준비도 하지 않고 돈을 들고 가서 창업하는 것과 같다. 투자 또한 꾸준함이 답이다. 하루아침에 부자가 된 전문 투자자들은 많지 않다. 그들도 수많은 실패와 성공을 쌓아오면서 성장한 것이다.

정말 간단하지만 꼭 추천해주고 싶은 저녁 루틴이 있다. 바로 세 줄 일기이다. 고바야시 히로유키의 저서인《하루 세 줄, 마음 정리법》에서 배운 것이다. 방법은 간단하다. 하루 동안 후회한 일, 칭찬할 일, 내일을 위한 긍정의 확언 세 가지를 적는다. 적게는 세 줄에서 많게는 그 이상을 쓰기도 한다. 이 세 줄 일기 자체만으로도 스스로에 대한 신뢰감을 만들어낼 수 있는 좋은 습관이다.

이 세 줄 일기는 하루 동안 후회한 일과 칭찬할 일을 확인하면서 자연스럽게 스스로를 성장시켜주고 더 큰 목표를 위해 증식시켜준다. 성장의 가장 큰 밑거름은 바로 칭찬과 성취감이다. 하루 동안 칭찬할 일을 다시 생각해 보면서 생각보다 잘하고 있다는 기분을 느낄 수 있다. 이 칭찬은 성취감으로 이끌어 준다. 또 후회될 일은 아쉬웠던 일들을 확인하면서 자신을 더 성장시켜준다. 긍정의 확언은 성장과 증식 이상의 효과를 가져다주고 있다. 세 줄 일기를 쓰는 데는 3분도 채 걸리지 않는다. 꾸준한 세 줄 일기만으로도 큰 효과를 볼 수 있다. 당장 오늘부터 시작해 보길 권한다.

습관의 연결고리를 만들어라

가장 쉽게 습관을 반복할 수 있는 방법이 있다. 기존에 내가 반복하는 행동과 꼭 해야 하는 습관을 묶어버리는 것이다. 개별적으로 새로운 습관을 형성하는 게 아니라 기존의 습관과 꼭 해야 하는 행동을 하나의 세트로 묶게 되면 기억하기가 정말 쉬워진다. 작은 성공을 반복할 수 있는 가장 좋은 방법이다.

대부분의 사람은 행동에 대한 계획을 구체적이고 명확하게 세우지 않아 실패하는 경우가 많다. 인간은 실패하지 않기 위해 계획에 의존한다. 하지만 계획이 완벽하지 않다면 결국 실패하게 된다. 명확하게 기존의 습관 행동과 묶어낸다면 누구나 성공할 수 있다. 기존에 하던 행동은 꼭 해야 할 행동일 확률이 크다. 꼭 해야만 하는 행동과 묶는다면 잊지 않고 연결되어 행동할 수 있게 된다.

예를 들어 일어나면 무조건 침구를 정리한다. 아침에는 무조건 사과를 먹는다. 버스나 지하철을 타면 무조건 오늘의 뉴스를 본다. 저녁에 씻고 나면 일기를 쓴다. 앞 행동은 우리가 잊어버릴 수 없는 행동이다. 그리고 그 다음 행동에 내게 필요한 습관들을 배치시키는 것이다. 아침에 영양제를 챙겨 먹는 습관을 기르고 싶은데 시간이나 타이밍이 명확하지 않다면 어떻게 될까? '밥 먹기 전에 먹을까' 하고 생각하다가 '에이, 밥 먹고 나서 먹자'라고 생각하고 밥을 먹는다. 그리고 그대로 출근을 하고 출근길에 생각한다. '아, 영양제 먹는 걸 깜빡했구나.'

모든 행동을 쇠사슬처럼 한번 묶어보자. 하루 전체를 묶을 순 없다. 하지만 아침에 일어나서 문밖을 나서기까지의 행동은 정해져 있다. 그 사이에 내게 필요한 습관들을 끼워 넣어 쇠사슬을 묶는 것이다. 아침에 일어나는 행동이 신호가 되어 침구를 정리하게 된다. 침구를 정리한 신호는 입을 헹구고 물을 한 잔 마시게 한다. 한 잔의 물은 욕실로 이어져 씻게 한다. 씻었다는 신호는 사과를 먹게 할 수 있다. 이처럼 아침 시간 단 20분만이라도 쇠사슬을 그려보자. 반복 성공을 만들어낼 수 있는 가장 쉬운 방법이다.

인생의 변화를 이끄는
스위치 습관들 (1)

　　　　　계속 작은 성공을 반복하는 습관의 힘은 대
단하다. 스스로 성장하기도 하고 연쇄작용을 일으켜 계속 커진다. 꼭
대단해 보이는 습관이 아니라도 좋다. 작더라도 변화를 줄 수 있는 스
위치 습관이면 된다. 스위치 습관은 잠재의식에 있는 편견까지도 바꿔
줄 수 있다.

인생을 바꿔줄 스위치를 켜라
① 수면 습관: 잠을 푹 자기

한 사람의 일생에서 평균 1/3은 잠자는 데 사용한다. 평균 수명은 현재
83.3세이다. 그렇다면 잠자는 데 사용하는 시간은 약 28년이다. 28년이

라는 시간을 들으니 매우 많아 보인다. 또, 28년의 시간을 허비하는 기분이 들 수 있다. 그렇다면 28년 동안 계속 잠만 잔다면 남은 생 동안은 잠을 자지 않아도 괜찮을까? 물론 아니다. 인간 신체의 생리 시스템이 작동하는 데는 다 그만한 이유가 있다. 잠자는 데 그 많은 시간을 소비하도록 시스템이 된 이유는 잠이 그만큼 중요하기 때문이다.

'잠이 보약이다'라는 말이 있다. 그만큼 잠은 우리에게 많은 이점을 가져다준다. 잠을 잘 자는 사람들은 일단 정서가 안정적이고, 면역력이 좋아 질병에 잘 걸리지 않게 된다. 또 피부가 좋아지며 기억력 향상에도 도움이 된다. 이점은 너무나도 많다. 일주일간 아무것도 먹지 않아도 몸무게만 조금 잃을 뿐 버틸 순 있다. 하지만 단 이틀 동안만 잠을 자지 않는다면 몸은 완전히 망가지게 된다. 대부분의 사람이 양질의 숙면을 취하는 것에는 큰 노력을 하지 않는다. 또 1~2시간의 수면은 아주 쉽게 포기해 버린다. 잠을 무조건 많이 잔다고 좋은 것이 아니다. 양질의 숙면을 취하는 것이 중요하다.

사람은 기계와 달라 쉬지 않고 활동할 수 없다. 신체 에너지가 고갈되면 모든 방면의 기능이 저하되어 효율과 능률이 급격하게 저하된다. 에너지가 고갈된 상태로도 무언가를 할 수는 있지만, 하지 않는 것보다 못할 수 있다는 이야기다. 인간은 에너지를 소비하고 다시 회복하면서 더욱 활발하게 움직이도록 시스템되어 있다. 이때 짧은 휴식을 취하거나 음식을 섭취하는 것도 에너지를 회복하는 데 큰 도움을 준다. 하지만 가장 큰 회복은 바로 숙면이다.

여러 주장이 있지만, 하루 몇 시간 수면이 적당할까? 수면은 5시간 미만으로 너무 적게 자도 뇌경색 발병 위험이 약 44%나 높아져 위험하다. 적은 수면은 고혈압, 당뇨 발병 위험을 높이고 지방 대사도 변화시켜 비만이나 고지혈증을 유발한다. 그렇다고 9시간 이상 자는 것도 좋지 않다. 부정맥, 뇌 조직 변화를 유발해 뇌경색 발병률을 50% 이상으로 높인다. 하루의 적정 수면은 7~8시간이다. 7~8시간 동안 숙면을 취해야 한다.

하루는 가까운 친구에게 "그렇지 않아도 해야 할 일이 너무 많은데 인간은 왜 자야 하는 걸까?"라는 질문을 받은 적이 있다. 물론 잠을 충분히 취하지 않으면 얻게 되는 생리적 문제점도 있지만 다른 친구의 답변은 달랐다. '하루를 마무리할 수 있는 시점을 만들어주고 다시 새로운 날의 기회를 만들어주기 때문에' 잠을 자야 한다는 것이었다. 좋은 날도 좋지 못한 날도 있다. 좋은 날에는 이 좋은 기분을 계속 가져가고 싶지만 좋지 않은 날은 오늘 하루가 얼른 끝나버리기를 바란다. 잠이라는 것은 하루 동안의 모든 일을 리셋해 준다. 다음 날의 하루를 새로운 마음가짐으로 살아갈 수 있는 새로운 기준점을 만들어준다는 것이다. 숙면을 취하는 습관은 여러 관점에서 우리의 변화 스위치를 'ON'으로 만들어줄 수 있다.

인생을 바꿔줄 스위치를 켜라
② 아침 습관: 아침 시간 활용, 명상, 요가

인생을 바꾸는 스위치 역할을 할 수 있는 두 번째 습관은 바로 아침 습관이다. 돌이켜 보면 아침이 왜 중요한지 알 수 있다. 아침 시작부터 기분이 좋지 않은 일이 발생해 온종일 기분이 좋지 않은 날을 한 번씩은 경험해 봤을 것이다. 대부분 아침부터 기분이 좋지 않게 만드는 요인은 대개 늦잠에서 시작된다. 늦잠으로 인해 중요한 서류를 빠뜨리고 오거나, 지각을 하는 등 하루의 시작을 제대로 맞이하지 못하게 되는 것이다. 하루의 승패는 아침 시간에 달려있다. 매일의 하루가 모여 우리의 삶을 결정하게 된다. 그만큼 아침 시간은 우리 삶에 중요하게 작용한다.

일찍 일어나는 습관은 수많은 습관 가운데 정석이라고 할 수 있는 습관이다. 새벽의 한 시간은 낮의 두 시간에 맞먹는 가치가 있다고 한다. 전 세계적으로 큰 영향력을 발휘하고 있는 정상들이 괜히 4시에 일어나는 것이 아니다. 그들은 아침 시간을 200%로 활용해 매일의 하루를 주도하며 승리하고 있다. 그들이 아침에 일어나서 하는 활동들은 다양하다. 가벼운 운동, 명상, 독서, 밀린 중요한 업무, 창의적인 활동을 한다.

그중에서 아침에 일어나 어떤 것을 해야 할지 모르겠다면 명상을 권한다. 애플의 창업자 스티브 잡스, 빌 게이츠, P&G 그룹의 래프리 회장,

세계적인 '경영의 신' 교세라의 이나모리 가즈오 등이 가지고 있는 공통적인 습관이 바로 명상이다. 그뿐만 아니라 구글, 골드만 삭스 등 혁신과 스피드, 이윤을 중요시하는 기업들 또한 기업의 프로그램으로 명상을 도입하기도 했다. INSEAD 연구자의 리서치에서도 단 15분의 호흡에 집중하는 명상이 의사 결정력을 높인다는 결과를 발표했다.

내가 시작하길 정말 잘했다고 생각하는 것이 바로 명상의 습관이다. 명상 습관이 형성되기 전에는 많은 의심을 했다. 명상하는 동안 무슨 생각을 해야 하지, 어떻게 해야 할까? 또 얼마나 해야 좋은 효과를 발휘한다는 것이지? 수많은 질문이 머릿속에 떠올랐다. 하지만 그저 믿고 시작했다. 하루 이틀은 효과를 전혀 느끼지 못했다. 짧은 날은 하루 단 10분만 명상을 하는데도 어느 순간 변화를 느끼기 시작했다. 자신감과 확신에 가득 차게 되었고 또 머리가 명쾌하게 맑아지는 기분을 느끼기 시작했다. 변화를 느낀 뒤부터는 단 하루도 거를 수가 없었다. 명상하지 않은 날과 확연히 차이가 났기 때문이다.

명상과 함께 끊지 못하고 있는 가벼운 아침 요가도 권장한다. 팀 페리스의 《타이탄의 도구들》에서도 소개되었듯 큰 시너지를 줄 수 있는 아침 습관 중 하나가 같은 동작을 반복해서 하는 것이다. 시간의 여유가 있는 날에는 20분 정도, 바쁜 날에는 5분이라도 꼭 하는 습관이 있다. 아침에 가벼운 요가는 혈색 순환을 활발하게 해 피로 해소의 효과를 느낄 수 있다. 10분 더 자는 것보다 10분 일찍 일어나 가벼운 요가를 하는 것이 훨씬 피로 해소에 좋다. 하루의 시작이 달라진다.

인생을 바꿔줄 스위치를 켜라
③ 아침 식습관
―

'아침은 왕처럼 먹고 저녁은 거지처럼 먹어라'라는 말이 있다. 왜일까? 어떤 것을 먹느냐도 물론 중요하지만 언제 먹느냐가 굉장히 중요하기 때문이다. 이는 여러 연구에서 거듭 확인되었다. 미국의 학회에서는 미국 성인 인구의 20~30%에 해당하는 사람들이 아침 식사를 거르는데, 이것이 비만이나 당뇨의 발생과 상관관계가 있다고 밝혔다. 아침에 막 일어나면 입맛이 없어 아침 식사를 거르는 습관을 지니고 있는 사람이 많다. 하지만 아침에 식사하는 습관을 들여야 한다.

2,500년 전 인도의 수도승들은 하루에 한 끼만 음식을 먹고 수행을 했다고 한다. 여기에서 한 끼는 12시 이전의 시간에 한 끼다. 12시가 넘어가면 음식을 섭취하지 않는다. 지금도 '오후 불식'이라고 하여 오후에는 음식을 먹지 않는 수행을 한다고 한다. 오전에 먹는 한 끼의 식사로도 충분할 정도로 아침 식습관이 중요하다는 뜻이다. 또 아침 식사는 소화 효소와 호르몬을 분비시켜 대장 운동에도 효과가 있어 변비가 완화된다. 음식을 섭취하고 씹으면서 대뇌를 자극해 뇌를 깨우는 효과도 있다.

개인적으로 건강을 가장 중요한 가치 중 하나로 꼽는다. 그래서 평소 건강에 대한 공부도 많이 한다. 건강이란 갑자기 노력한다고 좋아지고 나빠지는 게 아니다. 꾸준히 노력했을 때 좋아지고 또 관리를 소홀히

하면 지속적으로 보이지 않게 나빠지다 어느 순간 눈에 확 보이게 된다. 건강 관리 또한 습관이다.

건강의 기회비용을 잃지 말자. 같은 영양제를 먹어도, 과일을 먹어도 섭취했을 때 더욱 효과를 볼 수 있는 시간대가 있다. 일종의 골든 타임이다. 아침에 섭취하면 더욱 시너지를 발휘하는 비타민이 있고 사과는 더욱이 아침에 먹어야 좋다. 건강을 위한 적은 노력으로 피로 해소, 면역력 증진, 장 건강 증진, 스트레스 감소 등의 이점이 너무 많다. 아침에 이들을 섭취하지 않는 것은 건강의 기회비용을 잃는 꼴이다.

잠깐 나의 이야기를 하자면, 굉장히 오랜 시간 차근차근 준비해온 프로젝트가 있다. 나는 브랜드 디렉터로서 브랜드를 론칭하고자 오랜 시간을 준비해 왔다. 건강관리와 자기관리에 새로운 제안을 하고자 시작된 세상에서 가장 스타일리시한 H&B Health&Beauty 브랜드 'Sound of water'다.

'Sound of water'라는 브랜드를 통해서 건강 관리, 자기 관리가 틀에 박히고 지루한 일이라는 아닌 스스로를 표현하는 하나의 새로운 방식이 되는 '문화'를 함께 만들어나가고자 한다. SOW는 3가지의 가치에 중점을 두고 있다. 첫째, 자연원료를 통한 뛰어난 효과와 안전성의 확보. 둘째, 라이프스타일에 완벽히 스며들 수 있는 유려한 디자인. 셋째, 효율적이고 효과적인 섭취를 위한 차별화된 메커니즘. 우리의 제안을 통해 새로운 문화를 함께 만들어가면 좋겠다.

30

인생의 변화를 이끄는
스위치 습관들 (2)

인생을 바꿔줄 스위치를 켜라
④ 운동 습관

세계적인 기업이 된 메타Meta의 마크 저커버그Mark Zuckerberg는 매일 아침 눈을 뜨면 운동을 한다. 격한 운동이 아니다. 그는 '무슨 일이든 잘하려면 에너지가 필요한데, 건강해야 더 많은 에너지를 얻을 수 있기 때문이라고 설명한다. 운동하면 흔히 체력을 소모하기만 한다고 생각하는 사람들이 많지만 사실 그렇지 않다. 운동을 하면 오히려 더 활동적이고 창의적인 일을 해낼 수 있게 된다. 운동 습관을 단순히 다이어트를 위한 것이라고만 생각해서는 안 된다. 건강을 위한 최고의 습관이다. 건강이 뒷받침이 되어야 어떤 일이라도 할 수 있다.

운동이 중요하다는 것은 모두 다 알고 있다. 하지만 어떤 이점이 있는지 명확하게 알지는 못한다. 단순히 다이어트의 수단 정도로만 생각하는 경우가 많다. 운동이 습관화되면 면역 세포의 기능이 향상되고 스트레스 수치도 낮출 수 있다. 또 만성피로, 만성긴장, 퇴행성 질환의 요소를 줄여주고 혈액 순환을 좋게 해준다. 운동이 아닌 보조제나 단식을 통한 다이어트는 건강을 더욱 악화시키고 요요현상을 불러온다. 하지만 꾸준한 운동은 다이어트 효과도 볼 수 있다. 이는 신체적 그리고 정신적 균형과 자신감을 더 증진시켜 준다.

드라마 〈미생〉에서 스승이 제자에게 조언하며 다음과 같이 말한다. "네가 이루고 싶은 것이 있거든 체력을 먼저 길러라. 평생 해야 할 일이라고 생각되거든 체력을 먼저 길러라."

내게 큰 공감을 줬던 내용이다. 그리고 실제로 맞는 말이다. 책을 쓰기 위해 오랜 시간 동안 준비하면서 앉아서 보내는 시간이 많았다. 책뿐만 아니라 업무도 병행하다 보니 하루에 12시간을 일하는 경우도 허다했다. 여기까지 어떻게 올 수 있었을까? 의지도 있었을 것이고 누군가에게 조금의 도움이라도 되기를 바라는 간절한 마음도 있었다. 하지만 체력이 없었다면 절대 여기까지 오지 못했을 것이다. 내가 계속해서 운동을 하는 이유이다. 유명한 선수가 되기 위한 꾸준함이 아니다. 생각하는 대로 삶을 주체적으로 살아가기 위한 최소한의 노력인 것이다.

운동은 단순히 몸을 만들거나 체중을 감량하기 위해서 하는 것이 아니다. 아무리 바빠도 절대 빼먹지 않는 게 운동이다. 바쁜 날에는 스트레칭만 하고 씻고 오는 경우도 있다. 하지만 이런 시간은 하루를 2번 살게 해주는 기분을 느끼게 해준다. 오후까지 쌓였던 피곤함을 이끌고 운동을 하고 씻고 나오면 오전만큼은 아니지만, 다시 어느 정도의 활력이 돌아온다. 하루 중 환기를 시키는 시간으로 활용하는 것이다. 운동은 우리가 주체적으로 삶을 이끌어가는 데 정말 중요한 스위치 역할을 할 것이다. 어떤 운동이라도 괜찮다. 꾸준히 하는 것이 중요하다.

인생을 바꿔줄 스위치를 켜라
⑤ 올바른 자세 습관

대다수의 연구에서 입증이 된 바로는 자세가 사람의 전체적 분위기에 영향을 준다고 한다. 허리와 어깨를 펴고 있는 좋은 자세는 긍정적 분위기를 낳는다. 하지만 허리를 굽히고 있거나 어깨를 움츠리고 있는 자세는 부정적 분위기를 만든다. 하버드 대학교의 사회심리학자 에이미 커디Amy Cuddy의 TED 강연 〈보디랭귀지가 당신이 누구인지 만든다Your body language shapes who you are〉를 보면 보디랭귀지의 중요성을 확인할 수 있다.

커디는 우리가 취하는 자세가 우리 몸에 어떠한 변화를 가져오는지에 대한 실험 내용을 이야기했다. 실험은 피실험자들을 두 그룹으로 나누어 진행했다. 한 그룹에는 어깨를 쫙 펴고 당당한 듯 보이는 힘이 가득 실려있는 자세인 하이 파워 포즈High power pose를, 다른 한 그룹에는 등이나 어깨를 움츠리는 로우 파워 포즈Low power pose를 취하게 했다. 이렇게 2분 동안 자세를 취한 뒤 결과를 측정했다. 단 2분이었지만 그 차이는 실로 굉장했다.

하이 파워 포즈를 취한 집단은 위험에 참여하는 비율이 86%, 그리고 남성 호르몬인 테스토스테론이 20% 증가했으며 스트레스 호르몬인 코르티솔은 25% 감소했다. 반면 로우 파워 포즈를 취한 집단은 위험에 참여하는 비율이 60%, 테스토스테론이 10% 감소했고 스트레스 호르몬 코르티솔이 15% 증가했다. 이렇게 단 2분 만에 자세를 통해서 우리의 신체 호르몬이 바뀔 수 있다. 지금 당장 하이 파워 포즈를 취해 보자. 단 2분이면 된다.

'졌지만 잘 싸웠다!'라는 말을 들어본 적 있을 것이다. 축구 경기를 생각해 보자. 팽팽한 접전 끝에 지고 돌아오는 선수들은 풀이 죽어 고개를 숙이고 벤치로 돌아온다. 반면 승리한 팀은 기쁨 속에서 환하게 웃으며 개선장군처럼 돌아온다. 패배한 선수들은 패배를 잊고 앞으로의 경기에 좋은 성적을 내기 위해서 노력해야 한다. 패배한 선수들이 풀이 죽어 계속 로우 파워 포즈를 취하고 있다면 분명 다음 경기에 지장이 있을 것이다. 여기서 감독의 역할이 굉장히 중요하다. 선수들이 다음 시합에 기량을 뽐낼 수 있게 리드해야 하기 때문이다. 그래서 풀이 죽은 선수들에게 이야기한다. "졌지만 잘 싸웠다. 그러니 고개 숙이지 말고 어깨를 펴고 당당해라." 그리고 선수들이 다음 경기에 집중할 수 있는 분위기를 조성한다. 최선을 다해서 싸웠지만 진 선수들이 하이 파워 포즈를 취하게 해 그들이 다시 자신감을 가지고 다음 시합에 임하게 해야 하기 때문이다.

한번 자세를 바꿔보자. 등을 구부정하게 숙이고 어깨를 움츠리고 바닥을 쳐다보자. 단 2분만 지나도 자신감이 없어지고 우울해질 것이다. 하지만 반대로 하이 파워 포즈를 취하고 당당한 포즈를 취해보자. 단 2분의 시간으로 분위기가 바뀌는 것을 느낄 수 있을 것이다. 매일 아침 출근길을 나서거나 문밖을 나설 때 의도적으로 하이 파워 포즈를 취하고 나선다. 작은 습관이지만 우리가 하는 많은 일에 긍정적인 스위치로 작용할 것이다.

인생을 바꿔줄 스위치를 켜라
⑥ 긍정적으로 생각하는 습관

___

'플라시보 효과Placebo effect'에 대해 들어본 적 있을 것이다. 의사가 효과 없는 가짜 약을 환자에게 제안했는데, 환자의 긍정적인 믿음으로 인해 병세가 거짓말처럼 호전되는 효과이다. 바로 긍정의 힘이다. 긍정의 말 한마디나 다짐은 어떤 상황에서도 부정적 생각이나 스트레스가 반감이 되는 효과를 가져온다. 오히려 어려운 문제들을 해결할 수 있는 상황을 만들어내기도 한다. 같은 일과 같은 시간을 보내더라도 어떻게 생각하나에 따라 그 결과가 완전히 다를 수 있다.

바쁜 일상 속에서 수많은 사람을 마주하며 살아가다보면 짜증이 나거나 스트레스를 받는 경우가 많다. 그럴 때마다 긍정적으로 생각하는 습관을 길러보자. 어차피 발생한 일이고 엎질러진 물이라면 쓸어 담는다고 해도 결과는 크게 변하지 않는다. 긍정적인 생각을 하는 습관을 지니고 있다면 쓸어 담지는 못할지언정 새로운 해결책을 강구하게 될 수 있다. 또 스스로 스트레스를 덜 받게 되며 정신적, 신체적으로도 긍정적 효과를 불러올 수 있게 된다.

지금까지 소개한 스위치 습관들 대부분이 혁신적인 습관이 아니라고 생각할 수 있다. 그저 이 이야기들은 어렸을 적부터 수없이 들었을 것이다. 반복적으로 들었다면 그만큼 중요한 이야기라고 생각을 하자. 이 습관들은 혁신적이지 않고 작지만 분명 계속 형성해 나가다 보면 우리를 생각하는 대로 사는 삶을 살 수 있게 이끌어줄 것이다. 이제 모든 결정은 당신의 선택이다.

31

코로나 시대, 지구촌 모두는
지금 습관의 변화가 필요하다

새로운 습관을 형성하려고 할 때 가장 민감하게 반응하는 곳이 바로 우리의 뇌이다. 뇌는 우리의 많은 부분을 관장하고 있다. 기존의 행동 루틴이 빠르게 변화하게 된다면 뇌는 거부작용을 일으키며 반응한다. 처음에는 어색하고 낯설지만, 점점 익숙해진다. 변화란 그런 것이다. 좋은 습관도 나쁜 습관도 처음에만 낯설지 금방 익숙해진다. 세상은 빠르게 변해가고 있다. 그렇기 때문에 언제나 계획한 대로 상황이 전개되지 않을 수 있다. 언제나 유연하지만 강인한 실행력을 발휘할 수 있어야 한다.

변화를 받아들일 수 있는 유연한 자세와
강인한 통제력이 필요하다

변화란 모든 생명체의 숙명이다. 살아있는 모든 생물은 환경에 맞춰 적응하고 발전한다. 빨리 적응하는 사람은 그 환경에서 더 빛날 수 있지만 적응이 늦다면 한발 뒤처질 수밖에 없다. 이렇게 끊임없는 변화 속에서 쉬지 않고 변화에 적응하며 살아가야 한다. 인간의 숙명과도 같다. 지금 시대의 앞날은 누구도 제대로 예측할 수 없다. 즉 급변하는 상황에 모두 똑같이 불완전한 상태로 방치된 것이다. 이 변화에 대처할 수 있는 유일한 방법은 바로 변화를 받아들이는 유연함과 강인한 통제력을 동시에 가지는 것이다.

과거 사회는 눈치채지 못할 만큼 조금씩 변화하며 다양성을 나타내 왔다. 하지만 지금 시대는 하루가 다르게 변화하는 시대가 되었다. 이제는 더 이상 과거를 생각하며 살아서는 안 된다. 변화를 빠르게 받아들일 수 있는 유연한 자세가 필요하다. 강인한 통제력으로 불확실한 미래에 대응할 수 있는 만반의 준비가 되어야 한다. 자신을 통제해 내게 필요한 습관을 형성해 원하는 방향으로 나아가야 한다. 우리가 나아가야 할 방향은 환경이 변화함에 따라 계속적으로 수정해야 한다. 그렇기 위해서 자신을 통제일 수 있어야 한다.

따라서 통제력이란 필수 불가결한 것이다. 습관을 형성한다는 것은 자신을 통제한다는 것이다. 아침에 30분 일찍 일어나서 하루를 맞이하는 것. 명상을 통해 차분한 마음으로 하루를 시작할 수 있게 하는 것. 좋은 식습관과 운동 습관을 통해 건강을 유지하고 증진시키는 것 등 작지만 조금만 통제한다면 할 수 있는 것들이 많다. 많은 업무를 하는 사람들이 시간 계획표를 짜고 스케줄을 잡는 이유가 무엇일까? 흘러가는 시간은 잡을 수 없기 때문이다. 시간을 흘러가는 대로 둔다면 아무것도 계획대로 할 수 없다. 이게 통제력이고 습관이다.

어렸을 때는 통제된 삶이 너무나도 싫었다. 정해진 시간에 일어나야 하고 밥을 먹고 어떤 울타리 안에서 반복적으로 생활해야 했기 때문이다. 그렇게 성인이 된 이후 통제되지 않는 삶을 오랫동안 살면서 느꼈다. 늦은 시간까지 친구들과 술을 먹고, 게임을 하고 늦잠을 잔다. 식습관은 엉망이 되고 생활 패턴도 무너지게 된다. 하려고 계획했던 일을 제대로 한 기억이 없다. 통제력이란 삶을 살아가는 데 있어 오히려 더 큰 자유를 얻게 해준다. 각자의 시간을 스스로 통제함으로써 계획을 달성할 수 있게 해주기 때문이다. 언제나 변화할 수 있다는 유연함과 자신을 제어할 수 있는 통제력이 필수인 시대이다.

이제는 N잡 시대다

코로나로 인해 이제는 어떤 직장도 안전을 보장받지 못하고 있다. 많은 회사, 기업들이 어려워짐에 따라 수많은 구조조정이 곳곳에서 일어났다. 또한 고용에도 한파가 찾아와 1년 사이 42만 명 이상의 취업자 수가 줄었다. 실업자 수 또한 102만 8천 명 이상으로 전년보다 16만 명 이상이 늘었다. 이런 시대에 우리는 어떻게 대응하고 준비해야 할까?

청춘을 다 바쳐 한 회사만 다녔던 많은 사람들이 회사로부터의 보호를 받지 못했다. 코로나가 아니더라도 이제는 언제까지나 평생 몸을 담을 회사가 더 존재하지 않을지도 모른다. 또 많은 보도자료를 통해 확인할 수 있듯 정년퇴임의 시기도 계속 앞당겨지고 있다. 아무리 열성을 다해 다녔고 젊음을 바쳤더라도, 물리적인 변화 앞에서는 그 어떤 누구도 어쩔 수 없다. 이제는 모두 각자의 제2의 삶을 필수적으로 준비해야 하는 시대이다.

꼭 한 가지 일만 할 필요는 없다. 누구든지 다양한 기술을 습득하고 또 새로운 정보를 공부할 수 있다. 이제는 각자의 제2의 직업을 만들어내야 한다. 과거에는 하나를 꼭 잘해 전문가가 되어야 한다고 했다. 하지만 더 이상 한 가지 일만으로는 충분하지 않다. 바야흐로 'N잡' 시대가 도래한 것이다. N잡을 준비하기 위한 시발점을 빨리 만들어내는 데 투자를 해야 한다. 그렇지 않고 계속 그 자리에 있다면 언젠가는 그 자리에 혼자만 덩그러니 남게 될 것이다. 나 또한 N잡을 위해서 노력 중이다. 지금의 나는 작가이자 브랜드 디렉터, 운동선수, 블로거이다. 당장 크게 성공하는 것이 중요한 것이 아니다. 추측만으로는 아무것도 알 수 없다.

지금 시대의 가장 큰 장점을 살려 유연하게 대응해 보자. 바로 온라

인이다. 소셜 미디어는 클릭 몇 번으로 온 세상 사람들은 연결해 준다. 클릭 몇 번으로 온 세상 사람들이 어떤 생각과 직업을 창조하며 시대에 적응하고 있는지 확인할 수 있다. 실제로 1인 기업들이 계속 생겨나고 있다. 유튜버, 개인 작품이나 음악 등을 판매하는 작가 등 그 무엇이든 재화의 가치를 만들어 사람들과 쉽게 소통하며 2번째 직업을 만들어가고 있다. 또 우리는 영상 플랫폼으로 인해 교육의 문턱이 낮아져 얼마든지 쉽게 배우고 정보를 얻을 수 있게 되었다. 하지만 가장 중요한 건 정보와 방법이 아니라, 이를 활용하여 시발점을 스스로 만들어내는 것이다.

더 이상 나이나 직업, 환경은 중요하지 않다. 변화라는 것은 누구에게나 필수 불가결한 사항이 되어버렸다. 이제는 나이가 있는 중년의 분들도 전성기 이상의 활동을 하는 사람들이 많다. 모두 환경의 변화에 유연하게 대응하며 자연스럽게 스며든 사람들이다. 이제는 자신을 통제해 언제나 시발점을 만들어낼 수 있다. 모든 결과는 각자의 의지와 결정에 달려있다. 우리 모두의 예측이 언제나 맞을 수는 없다. 틀릴 확률이 높다. 그렇기 때문에 언제나 유연한 자세로 자신을 원하는 방향으로 나아갈 수 있는 통제력을 발휘해야 할 시기이다.

32

일상의 울타리 밖으로
전진하라

우리는 지금껏 살아온 삶의 반복되는 루틴을 깨부술 용기가 필요하다. 사실 우리는 변해야겠다는 마음을 가지고도 그저 시간을 보내왔다. 알베르트 아인슈타인이 남긴 말이 있다. "어제와 똑같이 살면서 다른 미래를 기대하는 것은 정신병 초기증세이다." 다소 과격하게 느껴지지만 그만큼 강력하게 말하고 싶었다고 생각한다. 이제부터라도 우리는 어제와 다른 하루하루를 만들기 위해서 노력해야 한다. 계속해서 일상의 울타리를 벗어나려고 노력하다 보면 완벽히 벗어나는 날이 온다.

Out of comfort zone

'컴포트 존comfort zone'은 '편안하게 느끼는 상황 혹은 새롭거나 어렵지 않은 상황'을 이야기한다. 'Out of comfort zone'은 '편안하게 느끼는 영역 밖으로'라는 의미이다. 우리는 각자의 컴포트 존 안에서 주로 생활하고 있다. 이 컴포트 존의 크기는 상대적이라 사람들이 느끼는 불편함의 크기 또한 다르다. 대부분의 우리가 저항감을 느끼지 못하는 행동들은 모두 컴포트 존 안에 있는 것이다. 반면 저항감을 느끼는 행동은 컴포트 존 밖에 위치해 있다. 우리는 일상의 울타리를 넘기 위해 각자의 컴포트 존 밖으로 자주 나가려고 노력해야 한다.

스탠퍼드 대학교 심리학부 교수이자 심리학자인 캐롤 드웩Carol Dweck은 동기부여에 관한 연구를 하고 있으며 어떻게 사람들이 성공하는지, 실패하는지 등에 대해 연구를 하고 있다. 그 과정에서 고착형 마인드셋과 성장형 마인드셋에 관한 이야기를 전해줬다. 캐롤 드웩 교수는 미국 각지의 중학생들을 두 그룹으로 나눠 실험했다. 한 그룹에는 무언가를 가르치며 지식을 전달해 줬다. 새롭게 배워야 하는 학생들은 힘들어했다. 다른 한 그룹에는 가르치지 않았다. 그 결과 무언가를 가르치지 않은 그룹은 계속 어려워만 할 뿐 오히려 성적이 떨어졌다. 반대로 무언가를 가르쳐 준 그룹은 계속된 성장이 있었다.

무언가 익숙하지 않은 일을 할 때 우리의 뇌는 저항감을 느끼는 동시에 그에 몰두하게 된다. 이는 저항감을 느끼지만 새로운 것을 받아들이기 위한 뇌의 노력이다. 이처럼 컴포트 존을 벗어날 때마다 뇌의 신경 세포는 성장하고 새로운 형태로 결합한다. 이는 뇌 과학에 의해 입증된 사실이다. 즉 뇌는 어려운 문제에 직면하면 할수록 기능이 좋아진다는 뜻이다. 반대로 계속 같은 환경에서 컴포트 존 영역 밖으로 나가지 못한 다면 뇌는 더 이상 운동을 하려고 하지 않을 것이다. 이미 그 일이 무의 식 속의 습관으로 자리 잡았을 확률이 크기 때문이다. 컴포트 존 밖으로 나가지 않는 것은 자신의 가능성을 제한해 버리는 것과 같은 것이다.

원래 인간은 편안하고 기분이 좋다는 감정을 느낄 수 있는 것들을 선택하려는 본능이 있다. 그러나 우리 인류가 진화해온 과정을 보면 알 수 있듯 언제나 변화의 답은 컴포트 존 밖에 있었다. 언제나 세상을 리드했던 사람들은 각자의 컴포트 존에서 멀리까지 나간 사람들이었다. 변화에 앞장선 리더들은 컴포트 존의 멀리까지 나가기 위해 자꾸 나가기를 조금씩 반복하다가 결국에는 멀리까지 가서 큰 변화를 끌어냈다. 그리고 나머지 사람들은 그 변화를 천천히 수용하며 반복적으로 도전과 성공을 통해 변화를 만들어온 것이다. 여기서도 High risk High return의 힘을 확인할 수 있다. 리스크가 큰 것들을 이겨냈을 때는 그만큼의 발전과 보상이 있었다.

인류의 변화와 진화를 위해 자꾸 컴포트 존 밖으로 나갔다가 들어오기를 반복하고 있는 인물이 있다. 바로 테슬라TESLA의 CEO 일론 머스크Elon Musk이다. 그는 테슬라를 통해 전 세계의 전기차 시장의 문을 활짝 열었다. 또 우주 이민을 꿈꾸며 우주 사업 프로젝트인 스페이스 엑

스의 사업을 진행하고 있다. 그는 전 세계적으로 흥행한 영화의 캐릭터인 〈아이언맨〉의 감독 존 파브로Jon Favreau가 현대판 '아이언맨'의 모델로 삼은 인물이다. 그는 끊임없이 컴포트 존 밖을 두드리고 있다. 그의 시도가 실패로 끝날 수도 있지만 언젠가 그 문을 연다면 세상을 바꾼 리더 중 한 명으로 영원히 기록될 것이다.

이 세상에 의미 없는 일이란 없다

애플의 창립자 스티브 잡스는 세상에 많은 혁신적인 변화를 안겨줬다. 그는 컴퓨터 산업의 판도를 바꿨고 스마트폰 시장 또한 항상 리드했다. 그랬던 그는 췌장암 진단을 받은 이후에 스탠퍼드 대학교의 졸업 연설에서 정말 많은 교훈을 남겼다. 그중 가장 인상에 깊은 이야기는 바로 'Connecting the dot', 미래를 바꾸는 점의 연결에 대한 이야기이다.

"내가 지금 한 일이 인생에서 어떤 점을 찍는 것이라고 한다면 앞으로 어떻게 될 것인지 예측하면서 그 점들을 연결할 수 없습니다. 기억을 되감아 더듬어 찾은 점들만을 우리는 이어낼 수 있습니다. 그러니 현재의 순간들이 미래와 어떤 식으로든 연결된다는 것을 굳게 믿어야 합니다. 그것이 직감이든 운명, 인생, 카르마 뭐가 되었든 믿어야만 합니다. 미래에 그런 순간들이 이어진다는 것을 믿는 것은 여러분들의 가슴이 시키는 대로 따라갈 수 있는 자신감을 줄 것입니다."

애플의 혁명은 바로 애플의 첫 번째 컴퓨터인 매킨토시에서 시작되었다. 그때 당시에 컴퓨터에는 한 가지 폰트밖에 존재하지 않았다. 하지만 기술은 유용할 뿐 아니라 아름다워야 하고, 사람들이 사랑에 빠질 만한 제품을 만들어야 한다는 신념을 가지고 있었던 스티브 잡스는 매킨토시의 차별화를 위해 고민을 하고 있었다. 매킨토시를 디자인하던 중 그는 대학 자퇴 후 우연히 몰래 수강을 했던 캘리그라피 수업에서 배웠던 것들이 떠올랐고 이를 접목해 매킨토시는 역사상 처음으로 아름다운 폰트를 가진 컴퓨터가 되었다.

그는 내가 지금 하는 일이 점 하나를 찍는 일이라면 점을 최대한 많이 찍으라고 말했다. 이 점들이 미래에 어떻게 연결이 될지는 아무도 모르기 때문이다. 세상에 의미 없는 경험과 일은 없다. 현재의 경험이 어떻게 쓸모가 있을지는 미래가 되어야만 알 수 있다. 실패가 두려워 울타리 밖으로 나가는 것을 망설일 필요가 없다. 어차피 지금의 모든 경험이 미래에 도움이 될 테니 말이다.

익숙함에 속아 소중한 기회를 놓치지 말자

우리는 어떤 일이든지 어떤 사람이든지 시간이 오래되면 익숙해지기 마련이다. 그래서 익숙함에 속아 소중함을 잊는 경우가 많다. 가족, 친구, 그리고 사소한 행복 등 많은 것들이 있다. 이렇게 각자의 일상도 익숙해지다 보면 일상의 소중함을 놓치게 되는 경우가 많다. 하지만 익숙한 일상과 편안한 일상에 속아 우리에게 올 소중한 기회를 놓쳐서는 안 된다. 언제고 익숙함을 벗어 던질 준비를 하고 내게 올 새로운 기회를 만나기 위해서 노력해야 한다.

우리가 익숙함에 살다가 익숙하지 않은 영역으로 가게 되면 느끼게 되는 감정이 있다. 바로 두려움, 설렘, 호기심 등의 새로운 감정이 살아난다. 이 감정들은 일상에서 쉽게 느끼기가 어렵다. 우리의 일상은 매번 익숙한 영역 내에 있기 때문이다. 우리네 삶의 시간은 한정적이다. 언젠가는 이 삶도 끝이 있다는 것이다. 그렇기에 우리의 하루하루는 소중한 것이다. 하루하루가 같은 날인 것 같지만 다른 날이다. 매일 큰 도전을 해야 하는 것이 아니다. 적어도 계속해서 울타리 밖의 세상으로 가겠다는 의지를 가지고 여러 점을 찍어보는 것이 의미 있는 삶이 아닐까 싶다.

도전한다고 해서 무조건 다 성공할 수는 없다. 하지만 그 결과는 확인이 될 때까지는 아무도 알 수 없다. 실패하더라도 헛된 실패가 아닐 것이라는 믿음과 확신이 있기 때문이다. "No battle was ever won according to plan, but no battle was ever won without one. (계획대로 승리한 전투는 없지만, 계획 없이 승리한 전투도 없다.)" 2차 세계 대전에서 노르망디 상륙작전의 책임을 맡았고, 그 후 미국의 34대 대통령이 된 아이젠하워Dwight David Eisenhower의 명언이다. 열심히 고민해서 짜낸 계획일지라도, 상황의 변화에 따라 언제든 쓸모없어질 수 있다. 하지만 절대로 헛된 일이 아닐 것이다.

할 수 있을까 VS 할 수 있다:
말에는 힘이 있다

'내가 할 수 있을까?', '나는 할 수 있어!' 익숙하지 않은 행동에 앞서 우리가 자주 하는 생각과 말들 중의 하나이다. 과연 그 결과는? 우리들의 어떤 행동이나 도전들은 대개 말하는 대로 그리고 생각한 대로 결과가 나온다. 강한 믿음과 강한 신념으로 '할 수 있다'라고 되뇌면 진짜 마법같이 해버린다. 하지만 '내가 할 수 있을까? 나는 못할 것 같은데, 어차피 안 될 것 같은데'라고 하면 실패의 마법이 일어난다. 모든 것은 본인에 대한 믿음에 달려있다. 우리가 생각하는 대로 살 수 있다고 생각하고 되뇌면 진짜 그렇게 될 수 있다.

'내가 할 수 있을까?', '나는 할 수 있다'
말하는 대로, 생각한 대로

1923년 핀란드 파보 누르미Paavo Johannes Nurmi 선수가 1마일, 약 1.6km 달리기의 기록을 경신했다. 그의 기록은 4분 10초였다. 이는 세계 기록을 2초나 앞당긴 기록이었다. 이 기록이 경신되는 데 37년이 걸렸다. 이후 1954년 5월 로저 배니스터Roger Gilbert Bannister라는 의대생 육상선수가 4분의 벽을 허물었다. 31년 만의 기록 경신이었다. 흥미로운 사실은 이 다음부터다. 31년 동안 아무도 깨지 못했던 4분의 벽을 로저 배니스터가 깬 덕에 많은 사람의 선입관은 없어졌다. 이후 1년 동안 4분의 벽을 깬 사람이 9명이나 나왔다. 무엇이 31년간의 공백을 1년 만에 9명이나 채울 수 있게 했을까? 바로 누군가 해냈으니 나도 할 수 있다는 '믿음과 신념'이었다. 로저 배니스터는 매일같이 이런 상상을 했다. "4분의 벽은 내가 깰 것이다." 그 믿음이 그를 가능하게 만들었다. 자기 암시로 유명한 선수가 또 있다. 바로 무하마드 알리Muhammad Ali다. 그는 "나는 강하다", "나는 무조건 승리한다"와 같은 자기암시를 항상 외웠다. 이후 그는 세계 최고의 복싱 선수가 되었다. 자기 암시로 성과를 향상시킬 수 있다는 영국 울버햄프턴 대학교의 연구도 있었다. 내가 어떤 생각을 하고 어떤 믿음이 있는지가 결과를 바꿀 수 있는 것이다.

2016년 리우 올림픽에서 박상영 선수의 펜싱 경기를 기억하는 사람들이 많을 것이다. 9:9의 접전의 상황이었다. 하지만 연속 실점을 허용하며 13:9의 점수로 2라운드를 마무리했다. 2라운드 후 쉬는 동안 박상영 선수가 한 행동이 있다. 긍정적으로 고개를 끄덕이며 '할 수 있다'를 되뇌고 있는 모습이 카메라에 담겼다. 펜싱 에페 경기에서 4점의 점수차를 역전하는 것은 기적과 같은 일이라고 한다. 그런데 그 기적이 일어났다. 마지막까지 포기하지 않고 득점마다 집중하면서 '할 수 있다'를 되뇌었다. 말에는 기적을 만들어내는 힘이 있다.

우리는 어떤 행동을 하기에 앞서 '내가 할 수 있을까?', '나는 할 수 있어!' 등의 생각을 한다. 어떤 말을 했는지에 따라 그 결과는 확연히 달라질 것이다.

스스로 한계를 정해버리는 말실수들

한참 운동을 하던 때 주변에 운동을 하고 싶어 하는 친구들에게 종종 듣는 질문이 있었다. "운동 식단을 하루만 챙겨 먹어도 너무 힘든데 도대체 몇 달을 어떻게 해?" 그리고는 "처음에만 힘들지, 나도 하는데 너희라고 왜 못하냐"는 내 대답에 돌아오는 대답은 두 개였다. "나는 못해", "나는 절대 안 돼." 그렇게 자신의 한계를 스스로 제한해 버린다. "그래, 나도 한번 해봐야겠다"라고 말을 했다면 그 뒤에 어떤 행동이 이어졌을까?

손흥민 선수는 매일 엄청난 트레이닝을 반복하면서 지금의 세계적인 축구선수가 되었다. 그는 많은 기록을 경신하며 새로운 역사를 써내려가고 있는 중이다. 과연 그가 갑자기 트레이닝을 멈추고 운동을 게을리한다면 어떻게 하면 될까? 그 영향은 이후의 경기에서 그대로 보일 것이다. 여전히 기량은 일반 선수들보다 월등히 뛰어날 수 있지만, 그의 기록의 경신은 거기서 끝나게 될 것이다. 나태함은 곧바로 나타나기 때문이다.

우리들이 삶을 대하는 태도도 마찬가지다. 행동이나 도전에 앞서 자신을 '그렇게까지 할 필요가 없는 사람'이라고 단정 지어서는 안 된다. 우리는 각자의 삶의 프로가 될 필요가 있다. 대개 "내가 할 수 있을까?"라는 질문 속에는 해보고 싶다는 마음이 내재되어 있다. 관심조차 없는 일에는 그런 생각조차 들지 않는다. 그리고 그 질문 뒤편에는 해보고 싶지만 내가 도전하기에는 창피하고 부끄럽다는 감정이 있다. 해보고 싶은 일에 하지 않아야 할 이유를 한번 찾아보자. 그렇게 하지 말아야 할 이유는 없다. "내가 할 수 있을까?" 대신 "나도 할 수 있다!"라고 외쳐보자.

어렸을 적 실수를 할 때면 입버릇처럼 하던 말이 있다. "다음부터는 정말 그러지 않을게요." 처음 한두 번은 그러지 않아야겠다는 생각이 든다. 하지만 이 상황이 계속해서 반복되다 보면 입버릇처럼 그러지 않겠다는 이야기만 하고 있을 뿐 변할 기미가 보이지 않는다. 마지막 한 번이 또 한 번이 되고 그 한 번이 그다음 한 번으로 이어지는 것이다.

성공형 마인드를 갖자

어떤 목표건 달성하고 싶다면 할 수 있다고 생각하고 자신을 굳게 믿어야 한다. 자신을 믿지 못한다면 시작하고 끝나는 순간까지 불편함, 좌절감, 불만 등 고통스러운 감정들을 계속 느끼게 될 것이다. 하지만 할 수 있다는 믿음을 갖게 되면 모든 감정의 크기가 줄어들어 오직 지금 해야 할 일에 몰두할 수 있게 된다. 유연하지만 강력한 통제력을 가지고 자신을 원하는 방향으로 이끌어갈 수 있다. 자신을 믿지 않는다면 어느 순간 쉬운 것들도 완수하지 못하고 실패할지도 모른다.

운명은 정해져 있지 않다. 우리가 원한다면 언제든 바꿀 수 있다. 이게 성공형 마인드이다. 하지만 고정형 마인드를 가진 사람들은 힘든 삶을 살아가고 있다. 어차피 운명은 바꿀 수 없고 더 노력해도 달성할 수 있는 것이 없다고 믿기 때문이다. 그래서 그들은 자존감이 낮다. 고정형 심리가 강해질수록 변화를 두려워한다. 그들의 감정은 불편함, 좌절감, 불만이 지배하고 있을 것이다. 하지만 성공형 마인드를 가진 사람들은 같은 감정들 가운데 희망이라는 감정이 크게 자리 잡고 있을 것이다.

성공형 마인드를 형성하는 가장 좋은 마인드셋은 바로 실패를 두려워하지 않는 것이다. 그리고 가능한 한 많이 실패해 보는 것이다. 실패에는 언제나 교훈이 있다. 실패가 무섭지 않게 되는 순간 스스로에 대한 믿음이 강해진다. 그리고 시작을 하고 행동을 하고 그것이 변화될 때까지 반복하기가 쉬워진다. 실패했다면 다시 하면 그만이기 때문이다. 성공형 마인드를 가진 사람은 실패와 성공의 뗄 수 없는 관계를 잘 이해하고 있다. 그래서 오히려 실패를 감사히 받아들이는 사람들도 많다. 어떤 사건이나 행동을 통해 돈을 잃었더라도 좋은 수업비를 내고 배웠다고 얘기하듯이 말이다.

아직도 작고 사소한 습관에 대한 믿음이 부족할 수 있다. 또 고작 그 정도 습관들로 삶이 바뀐다는 것은 말이 안 된다고 생각할 수 있다. 이 모든 것의 선택과 행동은 본인만이 할 수 있다. 그러나 이것 하나는 확실하다. 작은 사소한 습관일지라도 꾸준히 하면 성장하고 증식한다. 그리고 그것들은 시간이 흐름에 따라 눈덩이처럼 커져 내게 큰 영향을 줄 것이다. 그러니 의심은 그만하고 자신을 믿고 할 수 있다는 생각으로 삶을 각자가 원하는 방향으로 이끌어가자. 자신을 믿는 것처럼 어려운 일은 없다. 하지만 자신을 믿지 못하는 것처럼 바보 같은 일도 없다.

생각하는 대로 삶을 살아가는 것이 성공이다

성공이란 무엇일까?

성공이란 무엇인가에 관한 생각을 자주 해왔다. 좋은 대학을 가서 좋은 직장을 들어가고 고액의 연봉을 받는 것이 성공일까? 많은 돈을 벌어들인 사람들은 가끔 무엇을 위해 이렇게 치열하게 돈을 모아왔는지 허무한 감정이 든다고 말한다. 20대에, 30대에, 40대에 도전할 수 있는 것들을 왜 하지 않았는지 후회된다면서 말이다. 성공의 정의를 내릴 수 없었을 때는 '돈을 저만큼 모았으니까 저런 이야기도 할 수 있지'라고 생각하곤 했다.

"If today were the last day of my life,

would I want to do What I am about to do today?"

그러던 중 스티브 잡스의 스탠퍼드 대학교 졸업 연설을 보고 성공의 정의를 내릴 수 있었다. 췌장암에 걸려 죽음을 앞둔 스티브 잡스의 연설이라 더욱 절실하고 또렷하게 들렸다. 스티브 잡스가 말했다. "만약 오늘이 인생의 마지막 날이라면, 지금 내가 하려는 일을 계속할 것인가?" 연설을 보고 또 봤다. 마침내 내린 성공의 정의는 '각자가 생각하는 대로 삶을 이끌어나가는 것'이었다. 우리는 매일매일 현실이라는 벽에 부딪힌다. 그래서 생각하는 대로 삶을 살아간다는 것은 어렵고 비현실적인 일이라 느껴질 수 있다.

성공이라는 것은 상대적이다. 누군가는 돈을 많이 벌어서 좋은 차를 사는 것이, 다른 누군가는 가족들과 소소하지만 행복하게 사는 것이, 혹은 대단한 커리어를 달성하는 것이 성공이라고 정의할 수 있다. 잘못된 목표나 꿈은 없다. 다만 그 삶이 진정으로 본인이 원하는 모습이면 되는 것이다. 그런 것이 아니고 그저 사회적 통념에 갇혀서 하고 싶은 일들을 잊고, 자신을 포기하고 살아서는 안 된다는 것이다. 여기에 나이, 직업, 가족, 배경 등은 아무것도 중요치 않다. 나를 원하는 방향으로 보내줄 수 있는 작은 습관만이 필요하다. 습관은 각자가 원하는 삶을 살아가기 위해 큰 힘이 될 것이다. 작은 습관이 성장하면 언제나 유연한 자세로 자신을 원하는 방향으로 움직이게 하는 강인한 통제력을 발휘할 것이다.

나 또한 사회적 통념에 맞서 좌절하고 포기했던 순간들이 많다. '지금은 이것을 할 때다. 나중에 어쩌려고 그러니? 그러면 안 되지.'라는 말들을 따라 흘러가는 대로 살고 싶기도 했다. 퇴사하고 원하는 목표에 도전하겠다고 했을 때 모두가 만류했다. 안 될 이유는 셀 수 없이 많았다. 하지만 지금 되돌아보면 전혀 후회되지 않는다. 흘러가는 시간 속에서 될 이유만을 생각하며 용감하게 여기까지 왔기 때문이다. 꿈꾸는 삶을 살아가는 데 적당한 시기는 없다. 습관의 힘을 믿고 1인치씩 그 각도를 틀어가다 보면 원하는 목적지에 도착할 수 있다. 지금껏 그래왔듯 앞으로도 조금씩 나아가고자 한다.

'우리는 매일, 매분, 매초마다 인생을 바꿀 수 있는 기회가 있어.'

– 영화 〈덤보〉 중

자신만의 속도로 삶을 살아가자

동기부여 전문가 레스 브라운Les Brown이 한 강연 중 대나무 이야기를 전해주었다. "대나무는 자라는 데 5년이 걸립니다. 그리고 대나무를 키우는 과정에서 그들은 매일 물을 주고 거름을 줘야 합니다. 그런데 대나무는 '5년'이 될 때까지 땅에서 나오지 않습니다. 하지만 땅에서 나오고 나면 단 5주 만에 27m가 자랍니다. 그렇다면 이 대나무는 5주 만에 자란 걸까요? 아니면 5년 만에 자란 걸까요? 정답은 당연하게도 5년 동안 자란 것입니다." 그가 이야기한 대나무 이야기를 들었을 때는 망치로 한 대 맞은 듯한 기분이 들었다.

　작은 습관도 마찬가지다. 처음에는 바뀔 기미도 보이지 않고 변해간다는 느낌도 전혀 들지 않는다. 하지만 작은 습관들이 쌓이다 보면 어느새 크게 변화된 모습을 볼 수 있는 것이다. 변화하는 것이 눈에 전혀 보이지 않다가 갑자기 눈에 띄게 성장하는 순간이 있는데 그 순간이 바로 자신의 '티핑포인트Tipping Point'이다. 티핑포인트란 팽팽하게 균형을 이루던 것이 깨지고 급속도로 특정 현상이 퍼지거나 우세하게 되는 것을 일컫는 말이다. 대나무는 5년 하고 5주 만에 27m를 자랐다. 대나무의 티핑포인트는 바로 5년째 되는 날인 것이다.

　모든 꽃의 개화 시기는 다르다. 사람도 마찬가지다. 모든 사람의 개화 시기가 다르다. 남들보다 빠르게 꽃을 피우는 사람도 있고 늦게 피우는 사람도 있다. 살면서 가장 어려운 것 중의 하나가 자신만의 속도로 삶을 살아가는 것이다. 타인과 나를 비교하다 보면 당연히 조급해질 수밖에 없다. 주체적인 삶은 자신만의 속도로 삶을 살아간다는 것이다. 타인과 비교하는 순간부터는 불행해질 수밖에 없다. 오직 주변의 본인보다 우위에 있는 사람들만 보이기 때문이다.

　사실 많은 것들이 이와 같은 주기를 보여주고 있다. 운동도 처음에는 변화가 눈에 보이지 않는다. 하지만 어느 순간 빠르게 변한다. 신체의 체질이 서서히 변하다가 급변하는 포인트가 온 것이다. 언어나 공부, 음악, 악기 등 모든 것이 마찬가지다. 처음에는 기초를 다져야 한다. 지루한 반복을 계속하다 보면 언제 저렇게 변하나, 라는 생각이 든다. 그래서 그 지루함을 견디지 못하고 대부분 티핑포인트에 도달하기 전에 포기한다. 어떤 일에도 티핑포인트가 있다. 꾸준한 반복을 통해서 기초를 계속 쌓아가다 보면 눈에 띄게 변하는 순간이 온다.

작은 습관도 마찬가지다. 대나무는 5년 동안 계속 땅속에 있지만 꾸준히 거름과 물을 줘야 한다. 우리에게 거름과 물은 바로 습관이다. 작은 습관들이 눈치채지 못한 사이에 점점 커질 것이다. 반복하는 과정에서 스스로 성장하고 증식하며 각자의 티핑포인트를 향해 나아간다. 가장 중요한 건 지금 내가 변하고 있으며 변할 수 있다는 믿음이다. 처음에는 괴롭고 힘들겠지만, 점점 익숙해질 것이다. 익숙해지는 단계를 지나면 점점 성장하고 증식하기 시작할 것이다. 그리고 마침내 티핑포인트를 만나는 순간이 온다. 그때부터의 성장은 상상 이상의 빠른 속도를 보여줄 수 있다.

생각하는 대로 살 수 있는 용기

"3년만 젊었어도", "했었더라면" 같은 말을 자주 말하고, 또 듣는다. 나도 그런 말을 했던 적이 있다. 하지만 지금이 가장 젊은 시기라는 것을 기억해야 한다. 3년 전에 시도하지 않았던 일, 그리고 하려고 했지만 못했던 일들을 떠올려 보자. 3년 후에 똑같은 생각을 하지 않을 자신 있는가? 동기부여 전문가인 짐 론 Jim Rhon은 사람이 느끼는 고통에는 크게 두 가지가 있다고 한다. '훈련'의 고통과 '후회'의 고통이다.

훈련의 고통은 가벼운 찰과상과 같다. 하지만 후회의 고통은 대형사고에 가깝다. 3년 전에 시도하려다 선뜻 하지 못한 일들이 떠오른다면 지금 다시 생각해 보자. 훈련의 고통은 시간이 지나면 잊히지만 후회의 고통은 평생 간다. 준비가 아직 안 되었다면 용기를 내서 조금씩 목표를 향해 나아가 보자. 천천히 자신을 통제하면서 목표로 다가가면 된다. 그렇게 3년이 지난다면 지금 이 순간을 아쉬워할 일은 절대 없을 것이다. 그렇지 않는다면 3년 뒤에 지금을 또 아쉬워할 것이다.

사람은 누구나 세상에 태어나서 언젠가는 죽는다. 시간은 유한하며 제한될 수 있다. 돈은 다시 벌 수도 있고 필요하면 빌릴 수도 있다. 하지만 시간은 불가능하다. 어차피 시간은 흘러가고 잡을 수도 없다. 만약 사람들이 각자의 인생이 얼마나 남았는지 알 수 있다면 인생을 대하는 태도가 달라질 수 있다. 남은 시간 동안 자신이 원하는 것들을 해내고 이뤄가면서 살아가는 것이 유의미한 삶이지 않을까?

진짜 성공한 삶은 주변의 속도에 맞춰 '사는 대로 생각하는 삶'이 아니다. '생각하는 대로 각자의 속도에 맞춰 주체적으로 살아가는 것'이 성공한 삶이라 생각한다. 원하는 방향으로 천천히 자신을 통제해 가면서 삶을 자신의 속도로 살아간다면 자신만의 티핑포인트를 넘는 날이 올 것이다. 나 또한 티핑포인트를 향해 그저 할 수 있는 일들을 묵묵히 해나가고 있다. 더 걱정만 하고 허락을 구하고 안 될 이유를 찾는 것들을 그만두자. 지금 당장 나에게 필요한 습관을 형성해 변화의 시발점을 만들어 각자의 티핑포인트를 향해 나아가 보자.

마무리하면서 이 책의 모든 내용을 다 잊더라도 딱 한 가지만 기억해야 한다면 어떤 것일까에 대한 고민을 했다. 딱 한 가지만 기억할 수 있다면 바로 '명확하게 생각하자'이다. 시간은 조금 더 걸릴지라도 더욱 깊이 생각해서 뚜렷하고 명확한 목적과 목표를 알아낸다면 어떤 문제라도 답을 찾아낼 수 있다.

처음에 이 책을 읽으려 했던 이유가 무엇인가? 이제 나는 무엇을 할 것인가? 왜 내가 그것을 해야 하는가? 앞으로 어떤 길을 갈 것인가? 그 길을 가기 위해서 어떤 선택을 하고 그 선택을 위해 내가 지금 당장 할 수 있는 것들이 무엇인가? 최대한 구체적으로 명시할 수 있고 생각할 수 있게 된다면 분명 어느새 고민이 사라지고 앞으로 계속 나아가고 있는 자신을 발견할 수 있을 것이다.

명확한 목적과 이유는 비단 습관에서만 해당되는 것이 아니다. 공부하는 학생에게도, 회사를 다니는 직장인들, 사업가들 모두에게 명쾌한 답을 찾아주는 공식이 될 것이다. 어떤 선택을 해야 하는지, 왜 이렇게 선택을 하게 하는지, 앞으로는 어떤 선택을 하면서 가야 하는지. 정말 어려운 결정을 하거나 새로운 길을 가고자 할 때, 앞으로 나아가야 할 길이 어디인지 보이지 않는다면 최대한 명확하게 그려보자. 그럼 분명 답을 찾아낼 수 있을 것이다. 지금 생각하는 대로 삶을 이끌어가고 있지 않다면 꼭 용기를 내서 생각하는 대로 삶의 방향을 1인치만 틀어보자. 이 책을 본 모든 독자를 마음속 깊이 응원한다. 우리는 무한한 가능성을 가졌고 더 나아질 수 있다. 부디 이 책이, 나의 작은 도전과 응원이 독자들에게 시발점으로 작용이 되길 간절히 바라며 마친다.

나 이제 진짜 갓생산다

초판 1쇄 발행 2022년 5월 11일

지은이 정호철
펴낸이 박영미
펴낸곳 포르체

편 집 임혜원, 이태은
마케팅 이광연, 김태희

출판신고 2020년 7월 20일 제2020-000103호
전 화 02-6083-0128 | **팩 스** 02-6008-0126
이메일 porchetogo@gmail.com
포스트 m.post.naver.com/porche_book
인스타그램 www.instagram.com/porche_book

ⓒ 정호철(저작권자와 맺은 특약에 따라 검인을 생략합니다.)
ISBN 979-11-91393-78-1 03190

여러분의 소중한 원고를 보내주세요.
porchetogo@gmail.com